Nina Freydag

Lesereise Norwegen

Nina Freydag

Lesereise Norwegen

Elche, Fjorde, Königskinder

Picus Verlag Wien

Überarbeitete Neuausgabe 2010

Grafische Gestaltung: Dorothea Löcker, Wien
Umschlagabbildung: © Jörg Modrow / laif
Druck und Verarbeitung: Remaprint, Wien
ISBN 978-3-85452-985-9

Informationen über das aktuelle Programm
des Picus Verlags und Veranstaltungen unter
www.picus.at

Inhalt

Woher kommst du?
Große Kontaktfreude eines kleinen Volkes 9

Glück
Ostern in verschneiter Hütte 22

Elche
Jagd auf ein Nationaltier 25

Schwarzbrenner
Der Alkohol als Kulturgut 32

Todeskönigin
Besuch bei Norwegens berühmtester Krimiautorin 38

Rote Trolle
Erwachsen werden mit Krawall 47

Deutschenkind
Schicksal einer Soldatentochter 58

Walheimat
Ein Filmstar findet seinen Altersruhesitz 68

Frauenwunder
Die Norwegerinnen und die Emanzipation 75

Die Möbelmaschine
Wie ein Fernsehsessel zum Retter einer Region wurde 81

Bei Königs
Eine Familie bricht alle Regeln 94

Das Hüpfen der Muscheln
Kulinarische Glücksgriffe 97

Studieren auf dem Dorf
Universitäten der Sonderklasse 106

Helden am Polarmeer
Überleben am Rande Europas 118

Nachsatz 132

Woher kommst du?

Große Kontaktfreude eines kleinen Volkes

Einmal spazierte ich durch ein kleines Dorf am Eismeer, nicht sehr weit vom Nordkap. Es war durch einen Dokumentarfilm berühmt geworden, der das norwegische Volk zu Tränen gerührt hatte: Er handelte von einem betagten Fischerchor. Kaum war ich angekommen, kam mir schon einer der greisen Sänger auf seinem Klapprad entgegen. Ich winkte ihm vom Wegesrand zu und sprach ihn an: »Du?« Das mag unhöflich klingen, doch in Norwegen duzt man jeden – nur den König nicht.

Der alte Mann hielt etwas zittrig an und stabilisierte den Lenker, von dem eine Plastiktüte hing. Er kam gerade vom Einkaufen. Dann lächelte er mich durch seine dicke Brille an und sagte: »Hei!«

»Hei«, sagte ich, »ich wollte mich so gerne mal mit dir unterhalten.« Bevor ich nachschieben konnte, dass ich nämlich Journalistin sei, antwortete er schon: »Ja, das wird doch wohl möglich sein.« Er rutschte wieder auf seinen Fahrradsitz: »Du weißt ja, wo ich wohne«, sagte er und trat in die Pedale.

»Wann soll ich denn kommen?«, fragte ich ihm verwirrt hinterher. »Wann du willst«, sagte er im Davonradeln.

Ein paar Stunden später besuchte ich ihn in seinem gelben Haus, das wirklich nicht schwer zu finden war, und stellte mich eilig vor. Ihn interessierte aber gar nicht, wer ich war. Er hätte mit jedem geplauscht, der ihn darum bat. Er führte mich ins Wohnzimmer und zeigte mir das Bild seiner verstorbenen Frau, die er so sehr vermisse. Dann schenkte er mir in der Küche Kaffee ein und erzählte sein Leben.

Natürlich ist nicht ganz Norwegen so liebenswürdig wie Reidar Strand, über den ich im letzten Kapitel mehr erzähle. Dennoch verkörpert der alte Mann in dem Dorf jenseits des Polarkreises für mich, was ich an den Norwegern so mag. Sie sind offen, ohne Misstrauen und helfen nur zu gerne. In diesem Land, das so groß ist wie das alte Westdeutschland, aber nur 4,8 Millionen Einwohner zählt, sind die Menschen einander etwas mehr wert als bei uns. Und sie sind außergewöhnlich kontaktfreudig. Jede neue Begegnung erfordert ein regelrechtes Befragungsritual. Hände schütteln, Namen nennen und schon fragt einer: »Woher kommst du?«

Am Dialekt hat man es meist schon ungefähr erkannt. Gekratztes »r«: Südwest-Norweger. Gerolltes »r«: Nordost-Norweger. Unmöglich, einen Menschen aus Stavanger für einen aus Trondheim oder Tromsø zu halten. Der erste spült die Sprache weich, der zweite quetscht seine Vokale, der dritte singt seine Worte.

Nun reicht es dem Gegenüber aber nicht, die

Region zu erraten. Er will Genaueres wissen: aus welchem Tal, aus welchem Ort? Woraufhin er sofort die Namen aller Menschen hervorkramt, die als gemeinsame Bekannte in Frage kommen: »Kennst du Arild, der an der Tankstelle jobbt, sein Vater hat den ersten Hof auf dem Hügel, wenn du ins Tal fährst? Wir waren zusammen beim Militär.«

In einem Bus durch die verschneite Telemark bekam ich folgende Unterhaltung zweier älterer Damen mit, die zufällig nebeneinander saßen. (Ich habe die Namen geändert.)

»Woher kommst du?«

»Ich wohne in Porsgrunn, aber ich bin aus Rauland.«

»Wenn du aus Rauland bist, bist du dann eine Vågen?«

»Nein, das bin ich nicht, aber meine Mutter war eine Vågen.«

»War sie Ingrid Vågen?«

»Nein, Ingrid Vågen war meine Tante. Bei ihr haben wir immer beim Heuen geholfen.«

»Ist denn Sverre Vågen dein Bruder?«

»Ja, Sverre ist mein Bruder, aber er ist gestorben.«

»Sverre hat doch Siv geheiratet, sie ist die Cousine meines Mannes.«

»Ist dein Mann ein Gjerstad?«

»Ja, er ist ein Gjerstad. Aber ich bin eine Bakke.«

»Bist du eine Bakke, dann bist du wohl aus Dalen.«

Die Unterhaltung zog sich über anderthalb Stunden hin und deckte gleich dreifache Verwandtschaft auf. Norweger führen solche Gespräche mit nimmermüder Hartnäckigkeit. Der Spaß des Ausfragens liegt darin, dass die Erfolgschancen so wunderbar hoch sind.

Auch unter den jungen Leuten, die von Studium und Beruf durchs Land gewirbelt werden, ist »Woher kommst du?« liebstes Gesellschaftsspiel. Der Heimatort ist ihnen bei aller Mobilität unglaublich wichtig und der Dialekt deutlichster Beweis von Identität. Verachtung erntet daheim, wer »umlegt«: seinen Dialekt abschleift und dem dominanten Oslo-Slang anpasst. Was aber automatisch passiert, wenn etwa jemand aus Setesdalen in die Hauptstadt zieht, denn sonst würde ihn kaum jemand verstehen.

Oslo ist wie jede andere europäische Stadt, seine Jugend trägt die gleichen Kleider und denkt die gleichen Gedanken wie bei uns. Das Land hat sich zwar viele altmodische Sitten bewahrt, wie die wochenlangen Abiturfeiern (Kapitel »Rote Trolle«) oder die inbrünstige Elchjagd (Kapitel »Elche«). Doch gleichzeitig ist es eines der modernsten Länder Europas. Die technischen Neuigkeiten der letzten drei Jahrzehnte habe ich alle zuerst in Norwegen kennengelernt – teilweise Jahre, bevor sie nach Deutschland kamen. Das kleine Land ist wendig und reagiert schnell.

Urlauber wähnen sich in Norwegen oft in der Wildnis, befreit von den Zwängen der Zivilisation. Doch ist diese Wildnis vollkommen durchorganisiert, jeder Flecken Erde unter Kontrolle. Schon 1990 rettete mich das Handy eines Freundes, als ich im Gebirge einen Unfall hatte. 2002 verlief ich mich im Pasvik-Tal, dem letzten europäischen Urwald nahe der russischen Grenzstadt Nickel. Der Urwald wird nicht von Menschen, sondern von Braunbären bewohnt. Ungläubig und voll Erleichterung sah ich, dass mein Handy sogar dort Empfang hatte.

Hilfe ist in Norwegen immer nah. Wähnen Sie sich nie unbeobachtet! Kaum haben Sie Ihren Campingwagen geparkt, weiß es der Grundbesitzer schon. Dass die deutschen Sportangler heimlich – wie sie glauben – ihre riesigen Kühltruhen mit norwegischem Wildlachs füllen und aus dem Land schmuggeln, ist ewiges Schlagzeilenfutter. Die Selbstbedienung ärgert die Norweger und rührt an Wunden, deren Schorf noch dünn ist: Von 1940 bis 1945 war Norwegen von Nazideutschland besetzt.

Auch mein Großvater war als Gefreiter in Drammen am Oslofjord stationiert – einer von einer halben Million Besatzungssoldaten. Er freute sich, in das Land zurückgeschickt zu werden, wo er sich Ende der zwanziger Jahre in meine Großmutter verliebt hatte. Sie trafen sich auf einem Schiff der Hurtigrute: die reiche Bauerntochter aus Holstein und der arme Jurastudent, der in Paris studierte und sich sein Geld als Hafenarbeiter verdiente. Für beide war eine Reise durch die westnorwegischen Fjorde damals das höchste der Gefühle, hatte doch Kaiser Wilhelm II. persönlich sie in Mode gebracht. Noch heute hängt sein Porträt in einigen der prächtigen Holzhotels, in denen er mit seiner Entourage einkehrte.

Einem deutschen Soldaten wie meinem Großvater konnte im Zweiten Weltkrieg nichts Besseres passieren, als ins ruhige Norwegen geschickt zu werden. Für die Norweger aber ist die Besatzungszeit bis heute ein Trauma. Wie Geschwüre ziehen sich die einstürzenden deutschen Bunker an der gesamten Felsenküste entlang, Mahnmale an das letzte und schlimmste Kapitel in einer Geschichte jahrhundertelanger Fremdherrschaft.

Nach dem Krieg haben dafür vor allem jene norwegischen Kinder büßen müssen, deren Väter deutsche Soldaten waren (Kapitel »Deutschenkind«). Bis in die dritte Generation halten viele Familien ihr deutsches Erbe versteckt. Ein Bekannter erzählte mir, seine Mutter sei ein Deutschenkind – doch sage er mir das nur, weil ich selbst deutsch sei, weitererzählen dürfe ich es niemandem. Er hatte die Familienschande zuvor noch keinem Menschen anvertraut.

Ganz langsam nur wird der Blick auf die einstigen Besatzer weicher. Jedes Jahr wandern über dreitausend Deutsche ein – vor allem Ärzte und Krankenpfleger, die sich von den hohen Löhnen und entspannten Arbeitszeiten locken lassen. Mancher Kriegsveteran in einem entlegenen Tal gewöhnt sich auf seine alten Tage nun daran, dass ein deutscher Akzent Gutes bedeuten kann.

Trotzdem würden die Norweger den Heerscharen deutscher Sommertouristen wohl gerne das Campen auf freier Wildbahn verbieten. Doch mit so einem Gesetz schnitten sie sich ins eigene Fleisch. Und das ist gerade dort besonders schmerzempfindlich, wo es um das Leben an der frischen Luft geht. Die Norweger lieben es und haben sogar ein eigenes Wort dafür: *friluftsliv*, übersetzt »Freiluftleben«. So heißt sogar ein Studienfach, das man zum Beispiel an der Hochschule von Bø belegen kann, die ich für das Kapitel »Studieren auf dem Dorf« besucht habe.

Es gibt in der norwegischen Sprache einige solcher Wortschätze zu heben – Wörter, die bei uns einfach nicht existieren. Zum Beispiel *vinterføre*, eine praktische Sammelbezeichnung für alle Zustände winterlicher Straßen: losen Schnee, festgefahrenen Schnee, Glatteis, Schneematsch und Schnee mit eingegrabenen Fahrspuren (für die es jeweils natürlich auch noch eigene Wörter gibt). Gegenüber Ausländern hegen die Norweger ein grundsätzliches Misstrauen, ob sie auf *vinterføre* fahren können. Zum Erwerb eines Führerscheins gehört für sie eben unbedingt die Fahrstunde auf der Eisbahn.

Straßen sind der Norweger Nationalhobby und der Tunnelbau ist ihnen eine Herzensangelegenheit. Ihren Reichtum aus dem Nordseeöl pumpen sie mit Vorliebe in die Sprengung irrwitzig langer Bergdurchfahrten und Unterwasserröhren. Auf der Europastraße 16 nach Bergen verläuft der längste Autotunnel der Welt, eine 24,51 Kilometer lange Bergdurchfahrt, auf der an einer Stelle 1,4 Kilometer Fels lasten. Zwanzig Minuten dauert die Fahrt durch den Lærdalstunnel – während der man selbstverständlich Radio hören und mit dem Handy telefonieren kann. Drei Felshallen tun sich auf, die blau und gelb bestrahlt sind.

Hinter Tromsø gibt es sogar eine unterirdische Kreuzung zweier Tunnel. In der Bauchhöhle des Berges einem anderen Auto die Vorfahrt zu lassen, ist ein einschneidendes Erlebnis. Da wird einem klar, wie sehr es die Norweger drängt, sich ihre widerspenstige Natur gefügig zu machen. Lange genug haben sie unter den senkrecht aufragenden Gebirgen gelitten, die sie mühsam überklettern oder wochenlang umrunden mussten. Kein Wunder, dass sie dabei aggressiv wurden, zurück auf ihre Schiffe flohen und fortan als Wikinger ihr Unwesen trieben.

Das norwegische Wort *viking* kommt von *vik*, die Bucht. Die Wikinger hießen also die »Buchtleute«. Moderne Norweger fühlen kaum Verbindung zu ihnen, beim Wort *viking* denken sie vor allem an den gleichnamigen Fußballklub von Stavanger. Ihr Nationalgefühl begründet sich viel mehr darin, ein Bauernvolk zu sein.

Bis heute wird scharf zwischen den Städten und den »Distrikten« getrennt. Die Landbewohner nennen ihre Hauptstadt *Oslogryta*, was der

»Oslo-Kessel« bedeutet und beleidigend sein soll. Ein alter Freund von mir, der sehr an seiner Scholle klebt, behauptet, ein Besuch in Oslo verursache ihm unerträgliche Kopfschmerzen. Er weigerte sich stets, mich dort zu besuchen.

Tatsächlich saugt Oslo das Land aus; bald ein Drittel aller Norweger wohnt in seinem Einzugsbereich. Die Landflucht ist jedoch kleiner als in anderen Ländern, denn die Subventionen für die Landwirtschaft sind hoch. Und es gibt längst eine Rückflucht aufs Land.

Mari, mit der ich auf die Journalistenschule gegangen bin, gab eine sehr erfolgreiche Karriere im Ballungsraum auf, um in ihr winziges Kaff zurückzukehren. Dort mitten im Nadelwald gibt es Wölfe, aber keine Arbeit. Also gründete sie mit ihrem Bruder, der in New York Grafikdesign studiert hatte, eine eigene Lokalzeitung. Seit 2001 erscheint dieses Blatt, das die beiden ganz allein schreiben, gestalten, vertreiben, für das sie selbst Fotos schießen und Anzeigen verkaufen – es sichert den Geschwistern ein Einkommen in der Heimat.

Norweger sind übrigens viel fleißigere Zeitungsleser als wir. Und der Staat subventioniert die Presse dermaßen, dass mehr Zeitungen gedruckt werden als in jedem anderen Land der Welt – sechshundert Exemplare auf tausend Einwohner.

Ein anderes Freundespaar wohnt mitten im Bauernland des Trøndelag, in einem hübschen

Haus am Hang, das ihr Tal überblickt. Wer vorüberfährt, käme niemals auf den Gedanken, dass im Keller dieses Hauses fünf Rechner im Dauereinsatz summen, mit denen das Computersystem der Telekom-Zentrale gewartet wird, die sieben Autostunden entfernt in Oslo liegt. Zwischendurch macht der junge Vater kleine Pausen während der Heimarbeit und bringt seine zwei Kinder auf Skiern in die Schule.

Ja, Norwegen ist wirklich ein modernes Land. Ein Land, in dem die Väter die Kinderwagen schieben und viele Mütter ein Jahr nach der Geburt wieder Vollzeit arbeiten. Ein Land kraftstrotzender Frauen und entspannter Männer, wie es im Kapitel »Frauenwunder« zu lesen ist.

Vor zwei Generationen waren die Norweger noch bitterarm; nun sind sie dank ihres Nordsee-Öls so neureich wie sonst nur die arabischen Scheichs. Gigantische 2549 Milliarden Kronen hatten die Norweger Ende 2009 angespart (fast dreihundert Milliarden Euro). Selbst die Weltfinanzkrise konnte ihnen nichts anhaben, auf einen kurzen Einbruch folgte schon 2009 ein Rekordgewinn, und es herrscht weiterhin fast Vollbeschäftigung.

Zeitweise wurde sogar diskutiert, ob man nicht einfach das verarmte Island kaufen sollte, als eine Art nordische Wiedervereinigung. Schließlich sind die Isländer nichts anderes als zur Wikingerzeit ausgewanderte Norweger. Island ist mithin das einzige Land, dem Norwegen sich wirklich verbunden fühlt. Der Rest von Europa kann ihm gestohlen bleiben: Zwar sind die Norweger seit 1949 NATO-Mitglieder, doch stimmten sie 1994 schon zum zweiten Mal gegen die Mitgliedschaft in der EU.

Ihr Erspartes fließt statt nach Europa in den so genannten »Ölfonds«, der helfen soll, wenn Öl und Gas in einigen Jahrzehnten ausgehen. Bis dahin werden die Milliarden rentabel angelegt, zum Beispiel in der Atomwaffenindustrie. Im Ausland natürlich, denn innerhalb seiner Grenzen will Norwegen nicht einmal Atomkraftwerke sehen.

Der norwegische Strom stammt aus den vielen Wasserkraftwerken. Jahrzehntelang war er so billig, dass das ganze Land mit ihm heizte. Dann kamen 2002 ein trockener Sommer und ein regenarmer Herbst, in den Stauseen sank das Wasser – und im Winter stieg der Strompreis. So hoch, dass einige Rentner sich nicht mehr trauten zu heizen und in ihren Wohnungen erfroren. Wochenlang tobte der Stromskandal durch die Schlagzeilen. Nüchtern betrachtet kostet Strom nun halb so viel wie bei uns. Und sparsam gehen sie noch immer nicht mit ihm um. Denn Licht, Licht ist doch das Schönste auf der Welt! Wo Licht ist, ist ein Norweger glücklich. Ausschalten, wenn man das Zimmer verlässt? Dann wäre es ja dunkel, wenn man wiederkommt!

Dabei ist es des Winters nicht etwa im ganzen Land rund um die Uhr finster. Bis hinauf nach Trondheim verhält sich der Winter unauffällig

– das Weniger an Licht gleichen die Helligkeit des Schnees und »Møllers Tran« aus: Fischöl, aus vielen Lebern gepresst, gesäubert und abgefüllt in die berüchtigte grüne Flasche. An allen Monaten mit r im Namen – September bis April – sollen Norweger jeden Tag einen ekligen Esslöffel davon schlucken. Eine alte und kluge Tradition: Das Vitamin D im Fischöl ersetzt die Wirkung des Sonnenlichts.

Unter monatelanger Düsterkeit aber leiden vor allem die Menschen auf dem Archipel Svalbard, vom Festland durchs Polarmeer getrennt und von mehr Eisbären als Menschen bewohnt. Vom 14. November bis zum 29. Januar wird es in der Siedlung Longyearbyen gar nicht hell und die Zeit lang. (Übersetzt heißt sie »Langjahr-Stadt«, was durchaus passt, aber Zufall ist: Benannt wurde sie nach dem Gründer des ersten Bergwerks, John Longyear.) Wenn die Strahlen der Sonne erstmals wieder die alte Krankenhaustreppe von Longyearbyen berühren, feiern die Einwohner ein ausschweifendes Sonnenfest. Am 20. April beginnt für sie dann die Zeit der Mitternachtssonne – bis zum 23. August wird es gar nicht mehr dunkel.

»Du sollst die Sommernacht nicht verschlafen, dafür ist sie zu hell!«, lautet eine bekannte Liedzeile. Als sei im nordischen Sommer an Schlaf zu denken! Man wälzt sich im Bett, das Blut ist dünn wie Quecksilber, das Herz flattert. Schwirren, lachen, Unsinn machen, raus, raus, raus! In der Finnmark kleben die Kneipen die Fenster mit schwarzer Pappe zu, damit die Gäste die Ruhe finden, auch mal ein Bier zu heben.

Im langen Land an Europas Nordspitze lebt es sich zur Zeit besser als irgendwo sonst auf der Welt – statistisch belegt und subjektiv empfunden. Sogar schmecken lassen es sich die Norweger endlich: vorbei ist es mit dem tranigen Walsteak und den faden Fischfrikadellen (Kapitel »Das Hüpfen der Muscheln«). Seit 1993 hat Norwegen viermal die Kochweltmeisterschaft »Bocuse d'Or« gewonnen.

Vor allem aber muss man Norwegen gerochen haben: die Süße des Hochmoors, das Salz der Schären, die Würze des Winterwalds. Nirgendwo duftet es köstlicher!

Glück

Ostern in verschneiter Hütte

Man schnalle mit steifen Fingern die Langlaufskier an, während am Himmel der Mond aufgeht. Man hebe unter Ächzen den Rucksack mit den Konserven auf die Schultern, sodass sich ihre Kanten in den Rücken bohren. Man ziehe sich den Schal über die Nase, auf dass der Atem darin gefriere, während man in der Grätsche den Berg hinaufschnauft. Man achte darauf, dass man dabei im Tiefschnee einbricht oder vor lauter Eis rückwärts rutscht. Man falle mindestens einmal auf die Kniescheibe, bevor man die monatelang ausgekühlte Hütte erreicht.

Man hole die Birkenscheite unter der Hütte hervor und versuche eine halbe Stunde lang, mit gefrorenen Fingern ein Streichholz anzuzünden. Wenn das Feuer im Holzofen brennt, gehe man mit einem großen Topf hinaus und fülle ihn voll Schnee. Man lasse diesen Schnee auf dem Holzofen schmelzen, um später eine Katzenwäsche überm Waschzuber zu machen. Man gehe hinaus und erledige mit Gänsehaut und klappernden Zähnen sein Geschäft auf dem Plumpsklo.

Man schnalle wieder die Skier an, ergreife einen Plastikkanister und steige noch weiter den

Berg hoch. Man stochere im Tiefschnee eine Stunde nach dem Brunnenloch zwischen den Birken. Man lege sich auf den Bauch und schmeiße Steine ins Loch, um das Eis zu brechen. Man seile den Kanister hinab und ziehe zwanzig Liter Eiswasser hoch. Man lasse sich auf den Skiern vom Gewicht des Kanisters den Berg hinunterziehen, oder gegen eine Birke.

Man brühe sich einen Tee, man mache Katzenwäsche. Man lege sich in der Schlafkammer unter die klamme Bettdecke. Man drehe die rußende Öllampe hinunter und beobachte die eigene Atemwolke im Mondlicht.

Man lausche hinaus in die Schneestille. Man fühle sein Herz weit werden und glücklich. Es ist Ostern, und man ist *på hytta*. Eine Woche keinen Strom, kein Wasserklosett, keine Heizung. Was kann es Schöneres geben?

Morgen wird in der Loipe Schokolade genascht. Hände wärmen sich an heißen Kaffeebechern. Und abends geht es zu Pål und Anne auf die Nachbarhütte. Mag sein, dass da ein wenig Brennstoff fließen wird. Mag sein, dass man ein bisschen streiten wird, weil Pål und Anne sich Strom in die Hütte gelegt haben und eine Trinkwasserleitung; weil sie eine Sauna, einen Kühlschrank, eine Dusche, ein Klosett eingebaut haben und eine per Webcam ferngeschaltete Heizung; weil vor ihrer Tür nun ein Whirlpool unter den Sternen steht. Was sind denn das für Sitten! Doch man wird sich schon wieder zünftig versöhnen.

Mag sein, dass der Rückweg im Dunkeln danach nicht so leicht zu finden sein wird. Mag sein, dass ein Ski bricht oder ein Schienbein. Mag sein. Denn es ist Ostern, hurra!

Elche

Jagd auf ein Nationaltier

Zu ihren Füßen fiepen zwei Dackel, kläffen drei graue Elchhunde. Über den Köpfen weht die norwegische Fahne, blauweißes Kreuz auf rotem Grund. Auf dem schweren Kieferntisch vor der Blockhütte liegt das Magazin *Der Elch*, stehen erste Flaschen »Jägerbier«. »Das gibt es nur zur Elchjagd«, sagt der Zimmermann Oddvin, 72. Denn die sei der Höhepunkt des Jahres, schöner als Weihnachten und Ostern zusammen. Der Schweinezüchter Rolf Harald, 48, sagt: »Es gibt nur zwei Jahreszeiten: die vor der Elchjagd und die danach!« Die sieben Männer heben die Humpen: »Skål!«

Es ist der Abend vor dem Tag, an dem die Elchjagd beginnt. Der Abend, an dem das ländliche Norwegen für volle zehn Tage lahm gelegt wird. Gemeinden ohne Bürgermeister, Betriebe ohne Geschäftsführer: Rund hunderttausend Männer verschwinden jeden September mit der Büchse in die Kiefernwälder und auf die Hochmoore, lauern rund fünfunddreißigtausend Elchen auf, schießen ihnen aufs Blatt und schleppen die bis zu dreihundert Kilo schweren Körper durch die Wildnis hinunter in die Kühltruhen der Täler.

Kein Tierschützer regt sich. Die Lokalzeitungen verkünden auf Seite eins: »Der erste Elch erlegt!« Dazu das Foto des hingestreckten Bullen, gezacktes Geweih über gebrochenem Blick. Und hinter ihm die Jagdgesellschaft: stolz, strahlend, um der Sicherheit willen rot bemützt.

In der Jagdhütte bollert der Ofen. Der Geruch des *rakfisk*, kunstvoll verrotteten Fisches, beißt in der Nase, während er würzig auf der Zunge zergeht. Schon stehen die ersten Plastikflaschen auf dem Tisch. »Importware!«, witzelt Rolf Harald. Er steckt seinen Finger in die durchsichtige Flüssigkeit, zündet sie an. Eine Flamme züngelt: 96 Prozent, daheim gebrannt. Von wem, darüber schweigt man. Rolf Harald verdünnt mit Limonade, die anderen mit Kaffee und Zucker. Die Stimmen der Jäger werden immer lauter, die Elchbullen, die einst entwischten, immer mächtiger.

Vergessen ist, dass dieses Jahr nur zwei Jungtiere und zwei Kälber zum Abschuss frei sind. Verdrängt, dass es wenig Fleisch geben wird. Das Wichtigste an der Elchjagd, sagt der Jagdleiter Ole Morten, 54, sei schließlich die Geselligkeit. Zehn Tage werden die Männer auf den schmalen Schlafbänken einander beim Schnarchen zuhören, im Licht der Petroleumlampen Karten spielen, durch die Dunkelheit zum Plumpsklo stolpern und Wasser aus dem eisigen Teich schöpfen, sodass der gespiegelte Sternenhimmel zittert und zerfällt.

Hier war er. Im Vorübergehen hat er die jungen Blätter des Weidenbusches abgebissen; in einer Moosmulde zwischen dem Blaubeerkraut liegt ein Haufen daumengroßer Küddel. Tannengrün, also frisch. Ein Elchhuf hat ein tiefes V in das vom Wasser aufgedunsene Bärenmoos getreten. »Ein Bulle«, flüstert Ole Morten. Vielleicht habe er gerade im Teich gebadet. »Der Elch ist ganz wild aufs Baden.« Die Hündin verschwindet zwischen den Kiefern. Der Wind weht schwach aus Südwest, er riecht nach Harz. Ein Auerhahn ruft. Sonst herrscht reine Stille, denn hier oben in den Bergen leben nur wenige Tiere.

In der Ferne hallt ein Schuss. Noch einer. Vermutlich die Jagdgesellschaft von der anderen Seite des Flusses. Ole Morten kniet nieder und lauscht, ob seine Hündin Spurlaut gibt. Ob sie den Elchbullen findet und bellend umspringt, sodass Ole Morten sich unbemerkt an das verwirrte, kreisende Tier anschleichen kann. Oder ob sie den Elch den sechs Posten entgegentreibt, die das Jagdgebiet umzingeln. Seit je wird dem Elch in dieser Mischung aus Ansitz- und Treibjagd nachgestellt.

Im Wald aber bleibt es still. Dann hechelt etwas durchs Gebüsch. Die Hündin ist zurück, sie hat die Spur verloren. »Der Elch hat immer die Chance zu entkommen«, sagt Ole Morten zufrieden. Dann nimmt er eine Patronenhülse aus dem Gürtel, deren Rumpf aus Glas ist. Darin ist Aquavit. Wegzehrung. Das Wichtigste an der Elchjagd, sagt Ole Morten, sei eigentlich das Erleben der Natur.

Hundert Kilometer nach Osten, im Hochland an der Grenze zu Schweden, wirft Prince Charmy seine letzte Hülle. Von allen Seiten grapschen Frauenhände nach ihm. Nach seinem Tanga, dem tätowierten Drachen auf seiner Schulter. Hundertfünfzig Frauenkehlen johlen. Der Stripper ist Höhepunkt des »Elchwitwenfestes« im kleinen Gebirgsnest Ljørdalen. Draußen nichts als Nadelbäume in der Dunkelheit, das Thermometer ist unter Null gefallen. Drinnen aber legt der glatzköpfige Discjockey Bjørn Idar jetzt Tanzmusik auf. Und die Frauen, deren Männer im Wald verschwunden sind, tanzen Paartanz. Die eine klammert sich an die andere, es waren schon ein paar Schnäpse zu viel. Die Stimmung, schwärmt DJ Bjørn Idar, sei viel besser, als wenn die Männer dabei seien. Dann singen alle den schwedischen Partykracher mit: »Meinen Popo, sie liebt meinen Popo ...«

In Orkdal, dreihundert Kilometer nach Norden, holt am nächsten Tag May Britt, 50, ein Stück Elchfleisch aus der Kühltruhe. Gewöhnlich schmort sie es im Ofen. Außen wird es dann bissfest bratenbraun, innen altrosa und weich. Dazu macht sie Sahnesoße und Kartoffeln. Ein Festmahl, köstlicher als jeder Rinderbraten. May Britt war noch nie auf der Jagd. Auch ihre drei Töchter nicht. »Bei uns jagen nur die Männer«, sagt sie. Ivar, 50, ihr Mann, und Arve, 25, ihr Sohn. Ein paar hundert Kilo, einen ganzen Elch, bringen die Männer heim. Genug Fleisch für ein ganzes Jahr. Würden sie den

Elch verkaufen, bekämen sie acht Euro pro Kilo. In den Fleischtheken der Städte wird das Steak für ein Vielfaches als Delikatesse verkauft.

May Britt hat das Zerlegen des Fleisches von ihrer Schwiegermutter Mette gelernt; »und die als Kind von ihrer Großmutter«. Gefunkelt hätten die Augen im runzligen Gesicht, wenn Mutter Mette messerwetzend vom Altenteil herüberkam. »Sie liebte es, den Elch zu zerlegen.« Seit sie tot ist, bringt die Familie das Fleisch zum Metzger. In dessen Kühlräumen hängen zur Jagdzeit Hunderte Elche an den Hinterbeinen vom Haken.

Vor dem Hof der Familie aber grast eine Elchkuh mit ihren zwei Kälbern gemächlich das lange Spätsommergras ab. Früher, sagt Ivar, habe es so etwas nicht gegeben. »Es gab viel weniger Elche, und die waren scheu.« 1957 war in dem Revier, in dem heute jährlich dreißig Elche geschossen werden, nur ein Einziger zum Abschuss freigegeben. »Die Leute kamen von weit her, um das seltsame Waldwesen zu bestaunen«, erinnert sich der Nachbar Kristoffer.

Wie die meisten Kleinbauern schafften auch Ivars Eltern Anfang der sechziger Jahre die letzten Kühe ab. Der Hof war zu klein, um sich zu lohnen, der Hoferbe Ivar wurde Bauingenieur. Das Land liegt seither brach, die sattgrünen Wiesen, die sich hinter dem Hof den Hang hochziehen, wachsen wild. »Das frisst jetzt alles der Elch ab«, sagt Ivar. Da er außer der Kälte keine natürlichen Feinde mehr hat, ist er aus den Wäldern im Inland inzwischen bis in die Fjorde im Westen und die Schären im Süden Norwegens vorgedrungen. Aus der Wildnis bis in die Dörfer, wo er die Apfelbäume abfrisst, und auf die Eisenbahnschienen und Straßen, wo er regelmäßig Unfälle verursacht.

»Das Schlimmste aber sind die Abbissschäden im Wald«, sagt Ivar. Der Elch fresse im Winter alle jungen Kiefern und Tannen auf, die aus dem Schnee hervorschauen. Nach Gegnern der Elchjagd sucht man in den Tälern daher vergeblich. Trotzdem gilt in Orkdal noch die Tradition, dass nur jagen darf, wer Bauer ist oder wessen Vorfahren Bauern waren. In anderen Gegenden verpachten Grundbesitzer ihre Jagdreviere längst an Städter, in Østerdal werden Jagdreisen angeboten, auf denen Ausländer sich den Abschuss eines Elches erkaufen können. Allein vierhundertfünfzig deutsche Jäger kommen pro Jahr.

In der Jagdhütte in Østerdal ist die Stimmung gesunken. Zwei Tage unterwegs, an zwei Elchen vorbeigeschossen, von einem weiteren nur das Hinterteil gesehen. Das Schrecklichste aber: Ein gewaltiger Elchbulle kam direkt auf Rolf Harald zu, einer Kuh auf den Fersen, »nur zehn Meter von mir entfernt!« Doch zu groß für die Quote! Zu viele Zacken am Geweih! »Am ersten Tag sollte man einen Elch schießen, da steigt die Stimmung«, sagt Kjell Olav bitter, »aber morgen schießen wir einen!«

Zwei Tage später geht dann wirklich alles ganz

schnell. Es ist früher Nachmittag, da zischelt plötzlich jemand durch das Walkie-Talkie: »Ein Kalb!« Schon fällt ein Schuss, irgendwo an der gerodeten Senke, wo das Strauchwerk kreuz und quer liegt. Alle eilen herbei. Da, hingestreckt in einem Graben: der erste Elch. Seine flache Nase fühlt sich weich an, sein dickes Fell drahtig, sein Blick ist glasig und seltsam milde. Den massigen Körper herauszuholen wird den Rest des Tages beanspruchen. Schnell, feixend machen sich die Jäger daran, ihm das Gemächt vom weißen Bauch zu trennen. Es riecht stark. Es riecht nach Brunft. Keiner spricht laut darüber, dass das Geweih größer ist als nach dem Abschussplan erlaubt. Ein erwachsener Bulle, kein Kalb, wurde erlegt. Leise wird besprochen, wie man das Tier ins Tal schmuggeln kann. Das Fest am Abend wird rauschend sein.

Schwarzbrenner

Der Alkohol als Kulturgut

Der Weg in die Illegalität führt die Kellertreppe hinab, an der Kühltruhe und den Langlaufskiern vorbei, hinein in den Raum mit der Werkbank. »Hier bist du richtig«, sagt der Hausherr und grinst. Es riecht süßlich, wie nasses Heu. In der Ecke steht der Stahlbehälter, aus dessen langem Rohr der Stoff tropft: *hjemmebrent*, Daheimgebrannter.

»Diesmal wird er neunzig Prozent haben«, schätzt der Hausherr, 55 Jahre alt und Schwarzbrenner seit Schülertagen. »Damals haben wir es im Wald auf dem Lagerfeuer gemacht. Zum Kühlen nahmen wir Schnee.« Heute hat sein Destilliergerät einen automatischen Kühlwasserkreislauf. »Habe ich aus dem Postversand«, sagt der Hausherr. Aromafläschchen mit Wodkageschmack zur Verfeinerung gibt es am Kiosk zu kaufen.

Dabei sind die Schwarzbrennerei und der Handel mit *hjemmebrent* in Norwegen streng verboten. Doch legal kostet ein Liter Wodka vierundvierzig Euro, wovon dreißig Euro in die Steuerkasse fließen. Kein Wunder, dass die illegale Alkoholbeschaffung ein Breitensport ist. Ein riskanter allerdings: Als 2002 in der Gegend von Moss methanolhaltiger Schmuggelfusel in Umlauf kam, starben elf Menschen, vierzig wurden mit Vergiftungen ins Krankenhaus eingeliefert.

Unter der Woche trinken die Norweger selten Alkohol. Doch ein Samstag ohne *helgefyll*, Wochenendsuff, bliebe für viele eine Enttäuschung. Mit Plastiktüten, aus denen es leise klirrt, sitzen vor allem Jugendliche schon am frühen Samstagabend in Bussen auf dem Weg zum so genannten »Vorspiel« in einer Privatwohnung. Dort sitzen sie dann um den Wohnzimmertisch, ein jeder seine Tüte zwischen den Füßen, und legen mit *øl* oder *sprit* (Bier oder Schnaps) die Rauschgrundlage für den Abend. In Kneipen, Discos oder Bars wird anschließend kräftig nachgetankt – bis kaum jemand mehr gerade geht und mancher über der Kloschüssel »den Elch rufen muss«.

»Vierzig Prozent des Marktes gehen an uns vorbei«, schätzt Knut Gröholt. Er ist der Chef von Vinmonopolet AS, einem Zwitter aus Behörde und Betrieb; dem einzigen Unternehmen, das Wein und Schnaps verkaufen darf. Die Filialen ähneln Apotheken. Die Verkäufer stehen hinter Tresen, die Ware im Rücken. Der Kunde zieht eine Wartenummer, trägt seine Wünsche vor, der Verkäufer verschwindet ins Lager. Die unsinnliche Stimmung ist gewollt: Vinmonopolet, als Aktiengesellschaft strukturiert, unterliegt der Weisung des Sozialministeriums. Es soll zwar Alkohol verkaufen, aber zugleich den Alkoholkonsum vermindern. Es soll keine Gewinne machen, aber Steuergeld einbringen.

Das Fachblatt *Vinforum* prangert in jeder Ausgabe die hohen Preise von Vinmonopolet an, vor allem im Vergleich mit dem Nachbarland Schweden. In dem EU-Land ist der Alkohol so viel billiger, dass es samstags zahlreiche Norweger über die Grenze lockt. Im schwedischen Städtchen Strömstad zum Beispiel, gleich hinter der Grenzbrücke von Svinesund, hört man dann fast nur Norwegisch. »Wir verkaufen hier mehr Alkohol als in ganz Stockholm«, sagt Stefan Anderson vom staatlichen Schnapsladen Systembolaget. Was nach Norwegen eingeführt werden darf, ist auf einem Schild hinter seiner Kasse aufgelistet: ein Liter Branntwein, ein Liter Wein, zwei Liter Bier. Doch daran hält sich kaum jemand. Kistenweise wird die Ware fortgeschleppt. Kontrollen an der Grenze gibt es selten. Und als ein Minister in Oslo seine Landsleute wegen ihrer Schwedenreisen als Proleten beschimpfte, war ganz Norwegen entrüstet.

Im Osloer Heimatmuseum bemüht sich eine Ausstellung, die »unkultivierten Trinkgewohnheiten« der Norweger aus ihrer Geschichte zu erklären. Von der alten Bauerngesellschaft ist da die Rede, von harter Feldarbeit und wenigen Festen, vom »Kindelbier« und vom »Grabesbier«. Und von dem »Fluch, der über das Haus käme«, wenn die Gäste sich bei diesen Anlässen nicht ordentlich besöffen. Die Gastgeber hätten daher stets auf Volltrunkenheit gedrungen, hätten *drikkepress* ausgeübt. Den »Trinkdruck« gibt es heute noch und es ist schwer, ihm zu entgehen. Wer stur nüchtern bleibt, wird zur »Festbremse« erklärt. Für einen Norweger eine echte Beleidigung, gilt doch die Lebenslust als schönste Tugend und Begabung.

Solange die Bauern nur Bier tranken, ging alles gut. Doch im 17. Jahrhundert kam der Schnaps dazu. Die Norweger soffen weiter, nun aber meist hochprozentig. Die Gesellschaft verrohte derart, dass sich eine mächtige Antialkoholkoalition aus Kirchen, Ärzten und Arbeiterbewegung bildete. 1919 sprachen sich bei einem Referendum 61,6 Prozent für ein totales Verbot von Brannt- und Süßwein aus. Dabei wurden der Osten und der Norden überstimmt: Im Süden und Westen holten die Alkoholgegner ganze neunzig Prozent.

Bis heute zieht sich diese Grenze durchs Land – die auch eine Glaubensgrenze ist. Von Kristiansand bis hinauf nach Ålesund herrscht puritanisches Christentum. Erst 2002 gab die letzte »trockene Kommune« auf – im Gemeinderat von Audnedal in Vest-Agder fand sich erstmals eine Mehrheit dafür, öffentlichen Bierausschank zu bewilligen. Immer mehr Gemeinden entscheiden sich auch für die Zulassung einer Vinmonopolet-Filiale, viele davon im ehemals trockenen Südwesten. 2002 gab es landesweit schon hundertsiebenundsiebzig Verkaufsstellen.

Bereits 1990 wurde die berüchtigte *spiseplikt*, die »Verzehrpflicht«, abgeschafft. Sie schrieb vor, dass etwa in einer Hotelbar zum Bier stets auch etwas gegessen werden musste – was über die Jahrzehnte zu vielen nicht angerührten Tortenstücken auf den Tresen führte. Erst seit 1999 experimentiert Vinmonopolet mit Selbstbedienungsläden. Allerdings sind diese, weil allzu verlockend, noch immer umstritten. »Wir müssen jede einzelne Gemeinde um Erlaubnis ersuchen«, sagt Gröholt. Wenn ein Laden dann eröffnet wird, geht ein Erdbeben durchs Dorf. »Viele Kunden geraten geradezu in Verzückung, wenn sie die Flaschen berühren dürfen, einfach so.«

Erik Olsen, 32, fährt oft extra mit dem Zug eine Stunde nach Oslo, um sich das Angebot des Selbstbedienungsladens anzusehen. Der Verwaltungsangestellte weiß mehr über Bordeaux-Weine als die meisten Franzosen, besitzt zahlreiche Weinlexika und hat mehrere Weinzeitschriften abonniert. In Olsens Badezimmer steht ein dicker Plastikballon auf dem Boden, in dem er Rotwein angesetzt hat – die Fußbodenheizung beschleunigt die Gärung.

Olsen ist Mitglied im »Daheimwein-Klub«. Der hat eine Website mit vielen Tipps und liefert Rotweinkonzentrat per Post, angereichert mit Aroma und vielen E-Stoffen. Falls der Wein nicht richtig gärt, gibt es sogar eine Notrufnummer. Alles legal, im Gegensatz zur Schnapsbrennerei. »Ich würde ja lieber guten Wein kaufen, aber im Laden ist der einfach zu teuer«, sagt Olsen. Trotzdem hat er sich einen kleinen Weinkeller mit Originalware angelegt, perfekt temperiert, aber noch ziemlich leer.

»Statistisch haben wir den niedrigsten Alkoholverbrauch Europas – selbst wenn man Schmuggelware und Schwarzbrennerei mitrechnet«, schwärmt Knut Gröholt. Und auch bei den durch Alkohol bedingten Krankheiten stehen die Norweger in Europa an letzter Stelle – unglaublich, aber bewiesen.

Doch davon reden sie nicht viel. Lieber erzählen sie, wie die irren Nachbarn einen ganzen Bach als Kühlwasser durch ihr Haus geleitet haben, wodurch ihre Schnapsfabrik aufflog. Wie Vati mit Filmriss auf einem Acker aufwachte und Mutti nackt um die Verkehrsinsel lief. Kavaliersdelikte allesamt, Heldentaten im Weingeist der Tradition.

Der Hausherr hebt den Kupferkessel an, der mit Holz gefüllt vor dem Kamin steht. Der Boden ist außen völlig verkohlt. »Darin hat schon mein Opa Schnaps gebrannt!« Und wenn die Jugend nun auch schlappmache und ihre Wurzeln vergäße: »Ich werde weiter brennen. Und wenn ich der Letzte bin!« Dann gibt der Hausherr das Rezept für Norwegens beliebtestes Kulturgut preis: Zehn Kilo Zucker und zehn Päckchen Hefe in vierzig Liter Wasser rühren und drei Wochen gären lassen, danach acht Stunden lang erwärmen. Abdestilliert ergibt das sieben Flaschen reinen Stoff.

Wer den mit Kaffee mischt, erhält, was je nach Region *kaffedoktor* oder *karsk* heißt. Das ist nichts für feine Zungen. Aber sehr norwegisch.

Todeskönigin

Besuch bei Norwegens berühmtester Krimiautorin

Sie trägt ihr blaues Auge, als sei es angeboren. Kein Lächeln, keinerlei Erklärung. Einfach nur ein fettes Veilchen. Lila ist es, mit einer Ahnung von grün, ganz frisch kann es nicht sein. Ein Gruseln geht um. Anne Holt aber lässt sich Zeit, viel Zeit, bis sie endlich sagt: »Mein blaues Auge ist das Ergebnis von Hybris gepaart mit Alkohol.« Der Punkt am Ende des Satzes ist deutlich zu hören, er schließt Nachfragen aus. Die Phantasien schlagen im Publikum enthemmte Purzelbäume.

Anne Holt verkauft in Norwegen mehr Bücher als jeder andere Autor, weil sie genau dies kann: die Leser zappeln lassen, bis ihnen die Neugier wehtut. Zwölf Krimis hat sie geschrieben, in denen sie sich zu nichts verpflichtet fühlt. Mal kommt am Ende raus, dass der vermeintliche Mord ein Selbstmord war, mal buchtet die Polizei vor den Augen des Lesers den Falschen ein. Die Polizisten geben ihr Bestes, irren aber allzu menschlich. Die Mörder sind von der Gesellschaft Geplagte, die Fälle von doppelbödiger Moral.

Kein Wunder: Anne Holt kennt sich in der Wirklichkeit des Verbrechens aus. Polizeijuristin und Anwältin war sie, insgesamt sechs Jahre lang. Nach den ersten drei Büchern wurde sie 1996 vom sozialdemokratischen Ministerpräsidenten Torbjørn Jagland gar zur Justizministerin berufen. Da war sie gerade mal siebenunddreißig.

Zwei Stufen auf einmal nimmt sie. Das kräftige Kinn vorgereckt rast sie hinauf zu ihrer neuen Schreibstube, die sie gerade höchstpersönlich renoviert. Eine niedliche kleine Wohnung, durch deren Fenster man direkt auf die Außenwand des Nachbarhauses blickt. »Ist die Wand nicht toll?«, ruft Anne Holt. Die Wand ist kahl. Was ist so toll an ihr? Wohl, dass sie in Zukunft Annes Aussicht sein wird. Alles, was zu ihrem Reich gehört, ist gut und wird mit aller Macht verteidigt: ihr Vater, ein pensionierter Physiker, ihre Mutter, eine Expertin für traditionelle Handarbeiten, ihr Stadtteil Grünerløkka im Osten von Oslo. Der Westen Oslos hingegen, der kann ihr gestohlen bleiben, denn dort wohnt der Snobismus. »Das ist nicht Anneland. Das hier ist Anneland!«

Wenige Blöcke, zwei kleine Parks hat der Bezirk Grünerløkka, der oft nur *Løkka*, die Koppel, genannt wird. Einst war er arm, dann wurde er alternativ, jetzt ist sein Pflaster das heißeste der Stadt. Die Mietshäuser, um 1900 für Handwerker und Arbeiter gebaut, werden heute von jungen Architekten und Anwältinnen bewohnt. Hipster kommen aus der ganzen Stadt, um in den Bars zu loungen.

Anne Holt zog schon als Studentin her, aus

einem Provinzkaff in eine Wohngemeinschaft mit Klo auf halber Treppe: »Damals waren wir die einzigen Norweger in unserem Hof. Doch die hohen Mieten haben die Ausländer vertrieben.«

Jetzt aber Tempo. Schnell eine Leiste kürzen an der Black & Decker-Werkbank, dann die Schubladen des Ikea-Schranks zusammenbauen. »Stopp die Zeit! Ich schaffe einen Rekord! Fertig, los!« Seit fünf Uhr ist Anne Holt schon auf den strammen Beinen. Um elf Uhr hat sie ihr Tagwerk eigentlich schon hinter sich. Nach dem Interview, bei dem sie ja gottlob nebenher renovieren kann, will sie noch ihre Autoreifen wechseln und ihre Mutter besuchen. Also raushauen die Fakten, einfach schnell zugeben, dass sie keine Wortakrobatin ist: »Ich mache keine Kunst, sondern Handwerk. Ich bin eine Buchbauerin.« Sie schreibt Krimis, wie sie Fenster wechselt, Parkettböden verlegt, Wände einzieht. »Hat mein Vater mir alles beigebracht, weil mein Bruder zwei linke Hände hatte.«

Wie schafft dieser Tornado es bloß, jemals ruhig vor dem Computer zu sitzen? Sie redet fast ohne Pause. Dass ihr Vater gerade ein künstliches Hüftgelenk bekommen hat. Dass sie gerne so richtig billigen Hitparadenpop hört. Dass Fahrradhelme eine schreckliche Sache seien, weil Kinder nicht verweichlicht werden dürften. Dass sie lernen müssten, dass das Leben ein einziges Risiko ist. »Sonst trauen sie sich am Ende nicht, sich zu verlieben. Das ist ja das größte Risiko von allen!« Sie trägt ihre Theorien im festen Ton der Fernsehfrau vor, die Widerspruch nicht duldet. Anfang der neunziger Jahre moderierte sie tatsächlich die norwegischen Nachrichten. Höhepunkt ihrer ersten Karriere als Journalistin. Seither erkennt sie jeder in den Straßen von Grünerløkka.

Sie springt auf, um ihr kleines Königinnenreich abzuschreiten: hinaus, die Szenestraße Thorvald Meyers gate hinab. »Man muss in Oslo Sushi essen«, befiehlt Anne Holt, »nirgendwo außerhalb Japans gibt es so gutes Sushi wie hier. Wir haben die richtige Rohware!« Sie wechselt die Straßenseite, links taucht die winzige »Bar Boca« auf. Der Besitzer Jan Vardøen ist eine Grünerløkka-Größe: Auch der Plattenladen »Los Lobos« und der Delikatessenhandel »Hotel Havana« gehören ihm. »Er hat, wie man sieht, eine Schwäche für Stabreime – und macht den besten Mojito der Stadt!«

Nach ein paar Stunden mit Anne Holt fühlt man sich wie in der Waschmaschine geschleudert. Doch da gibt es auch die andere Anne, die nur in Momenten aufblitzt. Die stolz ein hellgelbes Babyjäckchen vorzeigt, das sie gerade strickt. Deren Züge ganz ruhig und weich werden, als sie sich erinnert an die Samstagnachmittage auf Papas Schoß, während im Fernseher Fußball lief: »Das war so gemütlich.« Jeden Donnerstag kickt sie in der »literarischen Damenfußballmannschaft Hedda Gambler«, dort unten, wo der Fluss rauscht.

Aus dem Norden fließt der Akerselv den Berg hinab, teilt die Stadt in West und Ost. Sein Wasser fällt über schwarze Felsen schäumend in die Tiefe, schlängelt sich unter Holzbrücken hindurch, vorbei an alten Sägewerken, Mühlen und Brauereien, die längst dichtgemacht haben. Erst in den letzten Jahren sind die schönen Ziegelbauten restauriert worden. Die Architekturhochschule ist ins ehemalige Elektrizitätswerk gezogen, in eine Zinnfabrik zog »Blå«, der beliebteste Klub der Stadt.

Anne Holt winkt ihrem Gemüsehändler im »Sultan« zu, der schon mal in einem ihrer Krimis auftreten durfte: als ausländischer Zeuge, dem kein Glaube geschenkt wird. Solche Sozialkritik schreibt sie gern. Ihr wichtigstes Thema aber sind die Väter. »Ein schlechter Vater ist besser als keiner!« Die hohe Scheidungsrate verstimmt sie zutiefst. »Es wird bald eine emotionale Klassengesellschaft geben: Die mit einer gesunden Kindheit gegen die ohne Kindheit.« Schon als Anwältin hatte sie vor Gericht für die Rechte der Kinder gestritten. Als Autorin ist sie dafür jahrelang in jeder TV-Debatte angetreten. Heute sieht man sie kaum noch. Sie hat sich aus der Öffentlichkeit zurückgezogen.

»Die Zeit als Justizministerin hat ihr einen Dämpfer verpasst«, sagt Svein Bryn, der einst zusammen mit ihr die Fernsehnachrichten moderierte. Nach nur zwei Monaten im Ministerium ließ Anne Holt sich damals krankschreiben, nach vier Monaten, im Februar 1997, schmiss sie das Amt hin. Die Zeitungen beschrieben genüsslich ihre Krankheit: chronische Blutungen der Gebärmutter, verursacht durch Gewebeknoten. Es gab doppelseitige Grafiken der kranken Gebärmutter und Theorien über einen Mangel des Hormons Progesteron zu lesen. Und dann kam die Nachricht, sie habe ihre Gebärmutter entfernen lassen müssen.

Anne Holt sieht noch immer verletzt aus, wenn sie über diese Zeit spricht. Vielmehr: Wenn sie sagt, dass sie nicht über diese Zeit sprechen will. Diese Zeit, als sie, Macherin und Liebling der Medien, die Kontrolle über die Berichterstattung verlor. Wo Gerüchte blühten, sie sei vom Ministeramt überfordert und schiebe die Krankheit nur vor. »Die Episode steht in meinem Leben nur in Klammern«, sagt sie. Fotografieren will sie sich nicht lassen im Justizministerium. »Dabei würde ich mich unwohl fühlen.«

Doch auch diese Niederlage hat Anne Holt in einen Sieg verkehrt. Schwach, krank und amtlos lag sie unter einer Wolldecke auf dem Sofa ihrer Staatssekretärin Berit Reiss-Andersen, als ihr die geniale Idee kam: »Wir schreiben zusammen einen Krimi, Berit!« Es war gedacht als Entschädigung für die Staatssekretärin, die mit ihr zurückgetreten war. Doch »Im Zeichen des Löwen« wurde ein Bestseller. Der Plot: Die Ministerpräsidentin von Norwegen wird ermordet aufgefunden. Anne Holt sagt: »Wir haben uns beim Schreiben gut verstanden. Es gab nur eine Regel: Im Zweifel entscheidet Anne.«

Wo sie auch ist, hält sie das Heft in der Hand. Will man es ihr wegnehmen, wird sie sauer. Und eine saure Anne Holt ist kein Spaß. Bei den norwegischen Journalisten ist sie berüchtigt für ihre verbalen Vergeltungsschläge. »Ich bin von keinem anderen so unhöflich behandelt worden wie von ihr«, sagt eine Fernsehjournalistin. Anne Holts Exkollege Svein Bryn urteilt milder. Ihm hat sie schließlich eine Terrasse in den Garten gebaut. »Sie ist ihren Freunden eine wunderbare Freundin und ihren Feinden eine schreckliche Feindin.«

Das bekam auch Tine Kjær zu spüren. Als sie mit achtundzwanzig Jahren in Anne Holts norwegischem Verlag angestellt wurde, schäumte die Krimiautorin. »Ich bin sogar zum Direktor gegangen, um mich darüber zu beschweren, dass er so ein Küken einstellt. Eine Lektorin braucht Lebenserfahrung!« Tine Kjær durfte trotzdem bleiben, doch wurde sie vier Jahre lang nicht von der Bestsellerautorin gegrüßt. »Tine fand mich abscheulich«, sagt Anne Holt und lacht.

Dann wurden die beiden zusammen auf eine Lesereise geschickt. »Da ist es passiert.« Inzwischen haben sie geheiratet, in Stockholm, die norwegische Bildungsministerin war Trauzeugin und musste vor Rührung weinen, die Klatschpresse titelte »Heimliche Hochzeit!« und die Paparazzi lauerten Schlange.

Entschuldigt hat Anne Holt sich nie bei ihrer Liebsten: »Ich hatte ja Recht, sie war zu jung«, sagt sie. Auch Tine Kjær hat inzwischen einen Roman geschrieben: über einen Mann, dessen Frau an Krebs stirbt. Als Nebenrolle taucht eine Schwester auf, die nicht so recht zugeben mag, dass sie lesbisch ist. Das ist auch bei Anne Holt Dauerthema. Ihr einziger Liebesroman (»Mea culpa«) handelt von der unmöglichen Liebe zweier Frauen. Und ihre Krimiheldin, Hauptkommissarin Hanne Wilhelmsen, kämpft über fünf Bände mit der Schuld, sich nicht zu ihrer langjährigen Partnerin bekennen zu wollen.

Bis zu ihrer Hochzeit haben die Homosexuellenverbände das auch Anne Holt vorgeworfen. Alle hielten ihre Romanfigur Hanne Wilhelmsen für ihr Alter Ego. »Dabei habe ich sie als mein genaues Gegenteil erschaffen!« Leider hat sie dabei ein paar dumme Fehler gemacht: Sie ließ Hanne auf einer Harley Davidson fahren, wie sie es selbst damals tat. Sie lieh ihr die eigene rastlose Natur und ihre Stimmungsschwankungen. Anne Holt will die Parallele trotzdem nicht verstehen: »Ich mag Hanne nicht. Sie ist ihren Freunden nicht treu und behandelt ihre Freundin schlecht. Unbewusst will ich sie wohl loswerden, deshalb schreibe ich sie mit jedem Krimi tiefer in den Abgrund hinein.«

Heute hat Anne Holt ihren Platz im Leben gefunden. Neben dieser Tine, die so dunkel lacht, die Asthma hat, einen »superkomplizierten« Musikgeschmack und genauso gerne Poker spielt wie sie. Jetzt, wo Anne ihrer Tine auch vor Journalistenaugen einen Kuss auf die Wange drückt und jeden zweiten Satz mit »Tine sagt …« beginnt, jetzt, wo Tine ein – künstlich befruchtetes – Kind geboren und Anne Holt dieses Mädchen adoptiert hat, ähnelt die raubeinige Hanne Wilhelmsen ihr wirklich kaum noch. So hat sich Anne Holt denn auch eine neue Heldin ersonnen, die, wie sie so oft wie möglich versichert, ihr selbst ausgesprochen ähnlich ist. Inger Johanne Vik heißt sie und ist »unheimlich normal. Sie streitet nur manchmal ein bisschen mit ihrer Mutter.« Vielleicht ist Anne Holt tatsächlich wie sie, tief in ihrem Inneren. Nur wirkt sie eben anders.

Zu der vorsichtigen Inger Johanne Vik jedenfalls würde folgende Geschichte nicht im Geringsten passen: Drei Freundinnen besaufen sich eines Wintertags in Oslo. Auf dem Heimweg spielen die drei beschwingten Damen Krimi. »Ich war James Bond und schnellte mit meiner Knarre um die Ecke«, erzählt Anne Holt. Doch der Boden war vereist, sie segelte hin und holte sich ein blaues Auge. Das ist, was sie eine Mischung aus Hybris und Alkohol nennt. Keine schlechte Geschichte, aber trotzdem: Das Wundern war schöner als das Wissen.

Rote Trolle

Erwachsen werden mit Krawall

Die Schüler sollen nackt durchs Dorf laufen. Sie sollen im Restaurant Orgasmen simulieren und im Supermarkt in Zeichensprache nach Kondomen fragen. Das ist das Klassenziel. Elisabeth ist weit davon entfernt. Sie hat einen Polizisten auf die Wange geküsst und einen Lehrer in den Po gekniffen. Dafür hat sie zwei Zeugen, immerhin. Sex auf dem Schulhof hatte sie aber nicht. Sie hat auch nicht im Unterricht mit einem anderen Mädchen geknutscht. Noch nicht einmal einen Kasten Bier hat Elisabeth in sechs Stunden alleine geleert. Nein, so richtig krachen lässt sie es nicht.

Andere schon. Im Mai herrscht an Norwegens Gymnasien Ausnahmezustand. *Russetid* heißt das – eine Art Karneval der Abiturienten, der siebzehn Tage dauert und kurz vor den Klausuren endet. »Ganz schön anstrengend«, sagt Elisabeth. Über eine Woche feiern sie nun schon, noch eine ganze müssen sie durchhalten, bis der 17. Mai da ist: der Nationalfeiertag, Höhepunkt und Abschluss ihrer Abiturfeiern. So verlangt es die Tradition. So haben es schon ihre Eltern gemacht. Die *Russetid* folgt strengen Gesetzen.

In der Abiturzeitung sind ganze achtzig Mutproben aufgelistet, die Elisabeth und ihre Mitschüler bestehen sollen. Vor allem aber sollen sie wenig schlafen und viel saufen. »Ich bin kein typischer *Russ*«, gibt Elisabeth zu. Sie hat noch keinen Tropfen Alkohol getrunken. »Es macht aber trotzdem Spaß«, beschwört sie. Denn Spaß ist in der *Russetid* Pflicht. Wer jetzt keinen Spaß hat oder simuliert, der macht sich unmöglich.

Das Klassenzimmer ist an diesem Morgen halb leer, die Augen der Schüler blicken milchglasig. Auch im Unterricht tragen sie ihre *Russe*-Uniform. Die roten Latzhosen sind steif vor Dreck, die weißen Kittel voll gekritzelt mit besoffenen Botschaften: »Du bist ein toller Typ, danke für den Brennstoff.« Auf den Köpfen tragen sie rote Studentenmützen, in deren Schnüre Trophäen geknotet sind: Weingummis, Schwämme, Birkenzweige, Korken, Schrauben, Plastiklöffel und Tampons. In der Abiturzeitung ist nachzulesen, was man für einen Tampon tun muss: »Mutprobe 58: Trink einen halben Liter Brause, während du zwei Tampons im Mund hast.«

Auf dem Pult vor Lena-Marie stehen sechs Becher Kakao. Drei hat sie hintereinander weggetrunken, nun meldet sich der Magen. Sie stößt auf, doch setzt den nächsten Becher an. Auch Becher vier geht noch, unter Bauchschmerzen. Nach Becher fünf aber muss sie aus dem Klassenzimmer stürmen, um ins Schulklo zu kotzen. Elend sieht sie danach aus, doch sie sagt: »Jetzt muss ich es morgen noch mal versuchen. Das wird langsam teuer.«

Ein Junge kommt zu spät, er geht nur mit Mühe geradeaus, die Schultern schützend hochgezogen. Das tagelange Trinken lässt ihn von innen frösteln. Der Geschichtslehrer fasst ihn behutsam bei den Schultern und dreht ihn zur Tür. »Geh dich ausschlafen, Vidar«, sagt er. Vidar lächelt schief, vielleicht denkt er an Mutprobe zweiundvierzig: »Lass dich aus dem Unterricht werfen: ein Stück Pappe.« Er ist auch schon nackt durchs Dorf gelaufen; dafür darf er sich das Foto eines Penis in die Mützenschnur knoten.

In der Pause geht Elisabeth den besoffenen Vidar auf dem Parkplatz besuchen. Auf der Rückbank eines verbeulten Kleinlasters ist er in den Schlaf gesackt, zu seinen Füßen steht ein leerer Bierkasten. »Ich traue mich nicht zu trinken, wenn ich sehe, wie hilflos die werden«, sagt Elisabeth. Da gilt sie lieber als verschroben: »Außer mir bleiben ja nur die Gläubigen nüchtern.« Auf dem Mützenschirm über ihrem Blondhaar steht ihr braver Spitzname: »Der Engel«. Den hat ihr der *Russe*-Pfarrer verliehen, der lange Lulatsch aus der Parallelklasse. Bei der Taufe unten am Fluss, mit der die *Russetid* begann, hat er ihr den Spitznamen mit dem eiskalten Wasser über den Kopf geschöpft. Ihre Klassenkameraden heißen »Terminator« oder »Tiger«.

Zwei Nachbarskinder zupfen an Elisabeths Kittel. Sie zückt die Visitenkarten, die jeder *Russ* sich extra für die Feier drucken lässt. »Mein kleiner Bruder nimmt ganze Stapel davon in die Schule mit«, sagt sie. Die Kinder sammeln und tauschen die Karten wie Fußballerbilder, obwohl die Abiturienten darauf keineswegs Kinderreime verbreiten: »Keine Rosen ohne Dornen, dachte die Katze, als sie den Igel vögelte« oder auch: »Nackt kam ich aus dem Unterleib einer Frau, nackt kehre ich zurück.«

Das kleine Mädchen neben Elisabeth fragt schüchtern: »Russin, können wir noch eine Russenkarte haben?« Elisabeth unterdrückt ein Lachen. »Ich habe als Kind auch gedacht, die Abiturienten seien Russen.« Das Wort *Russ*, das sie einzeln und als Gruppe bezeichnet, ist nicht norwegisch. Doch gehört der *Russ* so selbstverständlich zum Frühling, dass sich niemand darüber Gedanken macht, wieso er so heißt und warum es ihn gibt. Elisabeth runzelt die Stirn. »Kommt das vielleicht von *rus* (Rausch)?«

Ein paar Wissenschaftler haben herausgefunden, dass der Begriff aus dem 18. Jahrhundert stammt. Damals besaß Norwegen keine eigene Universität, zum Studieren gingen die Jugendlichen nach Dänemark. In Kopenhagen mussten sie ein Eingangsexamen ablegen, bei dem ihnen die älteren Studenten ein Horn aufsetzten. Abgenommen wurde es nur, wenn sie bestanden – als Zeichen dafür, dass sie das Tier in sich besiegt hatten. Cornua Depositurus wurde das genannt: »die Hörner ablegen« auf Latein.

Damals gab es diese Zeremonie in vielen Ländern Europas; 1811 wurde sie auch nach Norwegen gebracht. Da eröffnete die Universität von Christiania – dem heutigen Oslo. Mit den Jahren verkürzte sich der lange lateinische Begriff dann auf seine letzte Silbe: *Russ*. Und als die Hochschulreife nicht mehr an der Uni examiniert wurde, sondern an den Oberschulen, wanderte die *Russetid*, die Zeit der *Russ*, mit. Heute ist Norwegen das letzte Land, in dem sie so ausführlich gefeiert wird.

Hörner gibt es zwar längst nicht mehr, dafür die Uniform, an der man den *Russ* schon aus der Ferne erkennt. Die Schirmmütze mit Troddel wird seit 1905 getragen. Im Jahr zuvor war eine Gruppe deutscher Verbindungsstudenten zu Besuch gekommen – ihre feuerroten Mützen wurden sofort kopiert.

Diese Nacht soll »Beachparty« sein, so steht es im Programm. Elisabeths Freundinnen sammeln sich in ihrem Bus, der knallrot lackiert ist und so richtig Schrott. Zu acht haben sie sich den »Dodge Van« gekauft, haben auf seine breite Schnauze ihr Gruppenbild geklebt und in schiefen Lettern »Die Freundinnen« dazugeschrieben. Der »Dodge« wird seit Jahren von einem Abiturjahrgang an den nächsten weiterverkauft und nur für ein paar Monate im Jahr angemeldet.

»Jeden zweiten Tag müssen wir Öl nachfüllen«, sagt Elisabeth. »Das wird auf Dauer verdammt teuer.« Auch die Versicherungsunternehmen treiben die Preise. Nur wenige sind überhaupt bereit, *Russe*-Autos zu versichern. Denn die *Russ* wissen nicht, was sie tun: Sie veranstalten illegale Autorennen am Containerhafen. »Ohne Sponsoren geht jedenfalls nichts«, sagt Elisabeth. Wer sie gesponsert hat, das steht auf dem Kleinbus: die Parfümerie, die Druckerei, der Schlachter.

Die Mädchen fahren hinaus zum Fjord und hocken sich zu den anderen roten Trollen auf die Felsen, auch wenn die Temperatur wirklich nicht dafür spricht. Die Einmalgrills werden ausgepackt, die Flaschen entkorkt und dann wird gesungen, gefroren, gegrillt und entkorkt und gesungen, bis zwei Mädchen züngeln und der blanke Po eines Jungen in den eiskalten Fjord taucht. »Dies ist doch die schönste Zeit im Leben«, brüllt Brit in die Stille des weiten Fjords: »Da freut man sich die ganze Jugend drauf!«

Es ist ein seltsames Phänomen: Alle unter achtzehn bewundern und beneiden den *Russ*. Und alle über neunzehn finden ihn peinlich. »Ach, ich bin es so leid«, sagt der Lehrer Øystein Hoff. »Jedes Jahr denken sie, dass sie etwas ganz Besonderes sind, als habe es keinen *Russ* vor ihnen gegeben.« Er schüttelt den Kopf: »Es ist so verkrampft, jeder Jahrgang will den letzten überbieten.« Dabei war er selbst an diesem Landgymnasium Abiturient, im Jahr 1959. Bei der Erinnerung huscht dann doch ein schnelles Lächeln über sein Gesicht. Die Blockhütte mit der Schuluhr gab es damals schon, so wie das Hauptgebäude mit den

Holzschnitzereien über der Tür. Auch er selbst hat die rote Studentenmütze getragen. »Aber heute ist ja alles so kommerzialisiert«, sagt er.

Ein Postversand aus dem südnorwegischen Sandefjord schickt jedem Gymnasium des Landes seine Bestellkataloge. Darin gibt es vom Pyjama bis zum G-String, vom Megafon bis zum Bieröffner alle Utensilien im *Russ*-Design. »Ich habe tausendachthundert Kronen (etwa zweihundert Euro) für meine Ausstattung ausgegeben«, klagt Elisabeth. »Das Problem ist, dass die Firma Russeservice das Monopol hat.« Sogar in den Fernsehnachrichten wurde sie des Wuchers bezichtigt, doch der Chef zeigte keinerlei Gewissen.

Am Tag nach der Strandfete ist der Unterricht ein Hustenkonzert. Ein paar Mädchen haben ihre Stimme verloren. Hege wickelt sich besorgt den Schal um. Ihr Hauptfach ist Musik und sie wird in Gesang geprüft: »Meine Lehrerin hat gesagt, ich solle mich bloß schonen.« Gestern aber hat sie das vergessen, den Schal und die Vorsicht und überhaupt alles. Jetzt lässt sie ihre Stimmbänder brummen und summen, das hat ihre Lehrerin auch empfohlen. »Nächstes Jahr will ich auf die Missionsschule«, sagt Hege, »und dann nach Indien und den Straßenkindern helfen.«

Erst einmal ist sie jetzt aber Revuechefin. Denn jeder Abiturjahrgang muss für das Dorf auftreten, mit Sketchen, Liedern, Tanzeinlagen. Dieses Jahr trägt das Spektakel den Titel »Heftig und besoffen«. Fast jeder Junge tritt darin in Frauenkleidern auf, Vidar sogar im Leopardenbikini. Ein Rülpswettbewerb ist zu hören und ein Junge, der bei der Geschlechtsumwandlung vom Operationstisch singt: »I am not a man, not yet a woman.« Am nächsten Tag überschlägt sich die Lokalzeitung vor Lob. Doch das währt nicht lange.

Heute steht auf Seite eins, jemand habe die Abiturienten bei der Polizei angezeigt. Sie hätten wieder im Schulpark übernachtet. Und nachts um vier sei es so laut gewesen, dass die Nachbarn nicht schlafen konnten. Dabei war das Thermometer weit unter null Grad gefallen – so ist der Frühling in der Tundra. Aber die Schüler haben wie jede Nacht Autoreifen abgebrannt, um sich zu wärmen. Marte, die gewählte *Russe*-Präsidentin, hat nun eine Krisensitzung in der Schulkantine einberufen. Der Lokalzeitung habe sie bereits vorgetragen, dass der *Russ* gar nicht gelärmt habe, sondern andere Jugendliche: »Aus Neid! Wir haben die Namen!« Die Präsidentin blickt finster.

Doch sie braucht sich nicht sorgen. »Ich war 1976 hier *Russ*«, sagt Wachtmeister Ustad. »Das ist nun mal die Zeit, wo alles erlaubt ist. Da greifen wir nicht ein.« Vor vier Jahren war seine eigene Tochter dabei, diesmal die eines Kollegen. Überhaupt sei auf dem Dorf doch alles harmlos. »In Oslo gibt es in einer einzigen Nacht eintausend Anzeigen wegen Lärms!« Landesweit sind rund vierzigtausend *Russ* damit beschäftigt, den Bürgern schlaflose Nächte zu bereiten. Gestern begannen die Nachrichten gar mit dem Satz: »Rektoren wollen *Russetid* verbieten lassen.« Irgendwo wurde ein kleiner Elch aus Bronze mit einem Schweißbrenner vom Sockel getrennt, anderswo zwei jüngere Schüler aus dem Unterricht entführt und in einen See geworfen. Warum? Wer weiß das schon.

Ein »Initiationsritual« nennen die Wissenschaftler die *Russetid*. So etwas sagen sie sonst nur über primitive Naturvölker. »Die Jugendlichen führen einen Bruch mit den sozialen Grenzen und den Autoritäten des Alltags durch, um danach in die erwachsene Welt aufgenommen zu werden«, schrieb die norwegische Zeitschrift *Religion und Lebensanschauung*. Tatsächlich fängt für die Norweger der Ernst des Lebens direkt nach dem Abitur an. Kaum einer bleibt danach zu Hause wohnen oder bekommt noch Geld von den Eltern. Wer studiert, erhält einen Ausbildungskredit vom Staat, der über Jahrzehnte zurückgezahlt wird. Ganz plötzlich sind die Jugendlichen in die volle Verantwortung entlassen. Die *Russetid* ist also die letzte Gelegenheit, die Besinnung zu verlieren.

Deshalb wohl verschlingt Sigrid unter Schnupfen und Hustenkrämpfen zwei Hamburger in vier Minuten und sagt davon unbeeindruckt: »Ich will auf keinen Fall zum Arzt, sonst verschreibt der mir noch Antibiotika und ich kann nichts mehr trinken.« Deshalb wohl hat Rune seine fünf Liter Schnaps längst geleert und keine Bügel mehr an der Sonnenbrille. Nur die dünne kleine Mari hat so schlimme Bronchitis, dass sie röchelt: »Jetzt reicht es mir, jetzt soll es endlich vorbei sein!«

Dann ist der 17. Mai da, die Fahnen werden gehisst, die Bürger legen ihre Trachten an, die Blaskapellen stimmen ihre Instrumente und die Birken zeigen ihre ersten Blätter. Man feiert jenen Tag im Jahr 1814, da Norwegen seine eigene Verfassung, ein eigenes Parlament und eine eigene Regierung bekam, nachdem die vierhundertvierunddreißig Jahre währende Union mit Dänemark gelöst worden war. (Noch fast hundert Jahre waren sie danach dem schwedischen König Untertan, erst 1905 wählten sie sich endlich einen eigenen.)

Der *Russ* hat auch am Nationalfeiertag seine Aufgabe zu erfüllen: Stunk zu machen.

Während der Umzug durch den Ort marschiert und alle »Hurra« rufen, während am Wegesrand die Senioren klatschen und die Kinder die Fähnchen schwenken, während die Polizisten in ihren Galauniformen vorweg marschieren und im Gemeindehaus der Kaffee kocht, während die Waffeln in ihren Eisen dampfen und ganz Norwegen von sich selbst berauscht das Nationallied »Ja, wir lieben dieses Land« anstimmt – während all dessen müssen die Abiturienten die Ordnung stören, müssen mit Trillerpfeifen und Geschrei durch den kilometerlangen Umzug laufen, von hinten bis vorne und zurück.

Anstrengend ist das nach Wochen des Kampffeierns. Längst nicht alle haben durchgehalten. Nur »Der Engel« Elisabeth, der rennt und trillert und hüpft am Umzug entlang, als käme er gerade aus den Sommerferien. In zwei Wochen sind Abiturprüfungen.

Deutschenkind

Schicksal einer Soldatentochter

Die Hebamme hielt das Baby für tot, sie warf es schnell in eine Schublade. Die junge, geburtsmüde Mutter sah das wohl mit Erleichterung. Für ein paar Sekunden mag es ihr vorgekommen sein, als sei sie dem Schicksal gerade noch entwischt, als sei ihr Leben doch noch nicht verpfuscht. Dann gellte aus der Schublade plötzlich ein trotziger kleiner Schrei. Es war Kiki, die da schrie, einer Welt entgegen, in der sie niemand willkommen hieß. Kiki, deren Verbrechen es war, das Kind eines deutschen Besatzungssoldaten zu sein. Kiki, die Schande brachte in das zwischen Fjord und Berg geklemmte Holzhaus in dem norwegischen Tal Surnadal.

Der Krieg war zu Ende, als Kiki Skjermo im August 1945 geboren wurde. Die deutschen Soldaten saßen in Gefangenschaft, ihre norwegischen Geliebten wurden von hasserfüllten Landsleuten interniert, bespuckt, beschimpft, kahl geschoren. Auch Kikis Mutter nannten sie eine »Deutschendirne«, doch sie hatte noch Glück: Sie kam unversehrt davon, als ihr Bruder versuchte, sie mit einer Axt zu erschlagen; eine Inhaftierung wurde ihr nur angedroht, die Haare blieben dran. Das

Ersparte aber wurde ihr genommen und in anonymen Briefen stand: »Solche wie du haben unsere norwegischen Soldaten ins Grab gebracht.«

Für Kiki blieb keine Liebe übrig. »Meine Mutter hat mich nie angefasst, mir nie den Kopf getätschelt, mich nie auf den Schoß genommen«, sagt sie. »Sie ließ mich spüren, dass ich ihr Leben zerstört hatte. Und ich fühlte mich schuldig.«

Kikis Sätze sind Fluchten nach vorn. Sie erzählt das alles nicht gern und spricht deshalb schnell, damit es weniger weh tut. Die kräftige Stimme wird dennoch dünn, der alte Schmerz reißt wieder auf. Sie blinzelt die Tränen weg und erzählt. Wie sie vergeblich um die Zuneigung der Mutter buhlte, die sie ganz den Großeltern überließ. Wie sie sich nach ihrem fremden Vater sehnte, von dem die Mutter nie sprach. Wie sie mit dreizehn zufällig in einer Blechdose auf ihre Geburtsurkunde stieß und erstmals seinen Namen las: Jürgen Böttger.

Auf der Kommode steht ein Kinderfoto im Silberrahmen: ein kleines Wesen allein auf einer Straße, Misstrauen im Blick, eine Puppe im Arm. Kiki spricht zu dem Mädchen, als sei es nicht sie selbst: »Wenn du gewusst hättest, was dich noch alles erwartet, du armes Ding.« Dann nimmt sie sich zusammen, denn sie will auf keinen Fall wehleidig klingen. »Viele hatten es schlimmer als ich.«

Mehr als neuntausend Töchter und Söhne hinterließen die deutschen Soldaten in Norwegen. SS-Chef Heinrich Himmler hatte seine Leute mit dem ausdrücklichen Befehl nach Norden geschickt, so viele Kinder wie möglich zu zeugen – gern unehelich. Die Norwegerinnen galten in der Ideologie der Nazis als »Mütter guten Blutes«. Blonde, blauäugige Frauen sollten »das deutsche Volk aufnorden«, dem Reich viele »rassisch wertvolle« Germanenkinder schenken. Die SS richtete sogar acht so genannte »Lebensborn«-Heime in Norwegen ein. Wie daheim im Reich wurden dort Mütter und ihre unehelichen Kinder auf SS-Kosten aufgepäppelt. Es ging ihnen gut – solange der Krieg währte.

Danach ließen die Norweger das nicht nur die »Deutschendirnen«, sondern auch ihre Kinder bitter büßen. »Jeder durfte auf uns herumtrampeln«, sagt Kiki, die selbst nicht im »Lebensborn«-Heim war. »Die Experten der Regierung stuften uns als schwachsinnig ein!« Manche halbdeutsche Kinder wuchsen nach dem Krieg in Irrenhäusern auf. Andere wurden in Kinderheimen untergebracht, in denen sie geschlagen und vergewaltigt wurden. Einige sollen sogar für LSD-Experimente missbraucht worden sein. Heute sind viele depressiv und krank, leben von Sozialhilfe, wurden früh arbeitsunfähig. »Im Vergleich dazu bin ich ja mit heiler Haut davongekommen«, sagt Kiki. Es klingt entschuldigend, so, als wäre ihre Geschichte nicht schrecklich genug, um erzählt zu werden. Dabei muss sie nur von ihrer Terrasse über den Fjord schauen, um an ihren eigenen Schrecken erinnert zu werden.

Weiße Strände und sattgrüne Berge sieht man dort, davor das Sägewerk. Dunkle Stämme, ordentlich aufgeschichtet, ein gewaltiges Holzlager, auf das die Sprinkler tagaus, tagein Fjordwasser sprühen. Es war der Sommer, in dem Kiki zehn Jahre alt wurde. Sie radelte gerade zum Badeplatz am Sägewerk, als ein Mann sich ihr in den Weg stellte. Er schlug sie mit einer Cola-Flasche und vergewaltigte sie. »Ich habe in meinem ganzen Leben keine Cola mehr getrunken«, sagt Kiki. Sie zeigt auf ihren neunjährigen Enkelsohn Kristoffer, der nebenan in der Stube Zeichentrickfilme guckt und sich dabei mit seinen kleinen Händen eine von Omas Waffeln in den Mund stopft: »Ich war doch kaum älter als er.«

Dann setzt sie sich ins Auto und fährt zu der Stelle, an der es passierte. Holzspäne liegen am Boden, der Geruch von frisch gesägtem Holz hängt in der Luft. Kiki spricht leise: »Mir wird flau im Bauch, sobald mir das in die Nase kommt.« Das Schlimmste an der Vergewaltigung war der Satz, den der Mann dabei aussprach: »Solche wie du sind dafür geboren, dass man das hier mit ihnen macht.« So oft die kleine Kiki diesen Satz in ihrem Kinderkopf wendete, konnte er nur eines bedeuten: Der Mann hatte sie vergewaltigt, weil sie das Kind einer »Deutschendirne« war. Deshalb sprach sie mit niemandem über das, was geschehen war, quälte sich allein mit dem Gedanken, das alles irgendwie verdient zu haben. Immer wieder stand sie auf der Brücke über den Fjord, kurz davor hinunterzuspringen. Stattdessen half sie den anderen beiden Deutschenkindern in der Schule, wenn sie gehänselt wurden, prügelte sich für sie mit den schlimmsten Rüpeln. Kiki zeigt ein bisschen stolz ihre Narbe: Nasenbeinbruch im Kampf um die Gerechtigkeit, für Karl, der heute den Campingplatz betreibt, auf dem der Kriegskinder-Verband im Herbst seine Generalversammlung abhält.

An der Stelle, wo früher die Grundschule stand, wächst heute nur noch langes Gras. Direkt darüber hat Kiki ihr Haus an den Hang gebaut. Das Grundstück war nicht zufällig gewählt. Mitten im Garten liegt ein flacher Fels: »Wenn es in der Schule besonders schlimm war, bin ich immer zu ihm hochgekrochen, um mich auszuweinen.«

Sie erzählt von den vielen kleinen Demütigungen, die sie in ihrer Jugend ausgestanden hat. Zum Beispiel, als ihre Großtante sagte: »Sie hat Schweineborsten, Pferdezähne, Katzenaugen und ist noch dazu Deutschenkind. Was soll aus der schon werden?« Oder als ein Nachbar sich am Nationalfeiertag darüber aufregte, dass »die da« im Fahnenzug mit marschieren dürfe. Oder der grausame Augenblick, als ein Tanzpartner sie mitten auf der Tanzfläche stehen ließ, weil sie zugab, ihr Vater sei Deutscher. Keine strafbaren Handlungen, aber in ihrer Häufung genug, um eine Seele zu zerdrücken. Kiki verteidigte sich nie. »Ich schämte mich dafür, Deutschenkind zu sein.«

Dann zog ein junger Busfahrer aus dem Nachbartal nach Surnadal. Mit vierzehn Jahren lernte Kiki ihn am Busbahnhof kennen: Sigurd, der schon zwanzig war, bedächtig, verlässlich. Die beiden verliebten sich sofort. »Sigurd war der erste Mensch, der mich je richtig in den Arm genommen hat«, sagt Kiki. Ein Jahr später war sie schwanger und die beiden heirateten; weil die Braut minderjährig war, brauchten sie eine Sondergenehmigung des Königs. Keiner glaubte an diese Ehe, die eine Flucht war, raus aus dem Haus am Fjord, in dem Großeltern, Mutter und Kind sprachlos nebeneinander her lebten. Die Großtanten gaben dem Paar zwei Jahre – inzwischen sind es über vierzig.

Zwei Kinder haben sie großgezogen, drei Enkel bekommen, und noch immer legt Sigurd den Arm um sie wie ein junger Verliebter. Zusammen haben sie das Jahr überwunden, als Kikis verdrängtes Leid nach oben gespült wurde und sie immer wieder die zweieinhalb Stunden in die Psychiatrie von Trondheim fahren musste, bis die Depression auskuriert, das Schuldgefühl eingedämmt, ein bisschen Selbstwertgefühl gefunden war. Da war Kiki dreißig. Zusammen haben sie auch den Krebs überstanden, an dem Kiki erkrankte. Da war sie knapp über fünfzig. Seither kann sie keine Touristen mehr führen, ist Frührentnerin und Vollzeitoma. Gerade schmiert sie Brote für ihre Enkel, wechselt dann dem Nachbarjungen die nassen Socken, bereitet nebenbei einen Elchbraten fürs Abendessen. Im Alltag ist Kiki eine fröhliche, energische Frau, die ihre Familie zusammen- und warmhält. Sie lacht gern, raucht viel und drückt ihre Kinder oft an ihr Herz. »Sie sollten nicht das Gleiche erleben wie ich.«

Nachdem sie Sigurd geheiratet hatte, begann Kiki, ihrem Vater in Gotha zu schreiben. Die Adresse hatte sie sich über die norwegische Botschaft in Ostberlin beschafft. Doch erst 1980, mit fünfunddreißig Jahren, konnte sie ihn zum ersten Mal in der DDR besuchen. Ein norwegisches Wochenblatt reiste mit: »Lieber Papa, ich habe dich noch nie gesehen!«, titelte die Zeitschrift. Und dann stand er plötzlich vor ihr, der Vater, den sie ein Leben lang herbeigesehnt hatte. Minutenlang habe er sie angesehen, bevor er sie weinend in die Arme nahm, schrieb das Wochenblatt und zeigte das Bild einer glücklichen Kiki, die nicht nur ihren Vater Jürgen Böttger, sondern auch seine deutsche Ehefrau und die Halbschwester umarmt. Kiki hütet den Artikel wie einen Schatz. »Als ich Papa traf, hat sich in mir endlich alles beruhigt.« Es war mutig von Kiki, sich damals öffentlich als Deutschenkind zu zeigen – die meisten verschwiegen ihre deutsche Herkunft noch.

Ein paarmal hat der Vater Kiki danach in Norwegen besucht, von der Terrasse das Lichtspiel über dem Fjord bestaunt und ihr endlich etwas über seine Jahre in Surnadal erzählt. Norwegen war bei den deutschen Soldaten beliebt, denn zu essen gab es genug. Die meisten Männer wurden zur Erholung nach Norden versetzt, nachdem sie an der Ostfront verletzt worden waren – auch Kikis Vater, der 1941 nach Surnadalsøra kam. Das heute schläfrige Nest war damals ein Handelszentrum. Mit Pferd und Wagen kamen die Bauern aus dem ganzen Tal, um bei den Kolonialwarenhändlern, in den Fleischereien, den Bäckereien oder im Blumenladen einzukaufen, um in den Cafés zu sitzen, die Schuhe zum Schuster zu bringen oder das Pferd beim Schmied beschlagen zu lassen. Sogar zwei Goldschmiede gab es und drei kleine Konfektionsfabriken, in einer davon war Kikis Mutter Näherin.

Bei ihren Großeltern wurden damals gleich mehrere Deutsche einquartiert, denn sie betrieben eine Pension mit acht Zimmern. Jürgen Böttger aus Gotha war ein kleiner, geschmeidiger Mann, vor dem Krieg war er Zirkusakrobat gewesen. Die Frauen des Hauses mochten ihn, er durfte sogar mit der Familie Weihnachten feiern. Irgendwann kurz vor dem Weihnachtsfest 1944, als es draußen bitterkalt war und die Gischt des Fjords bis an die Fenster spritzte, muss er zur Tochter des Hauses ins warme Bett gekrochen sein. Fünfundzwanzig war Marie, keine Schönheit, in Jürgen verschossen. Dass er gleichzeitig auch eine deutsche Krankenschwester in einem Ort hinter den Bergen zur Freundin hatte, wusste sie wohl nicht. Und als Kiki geboren wurde, machte es keinen Unterschied mehr, denn Jürgen saß längst in Gefangenschaft und wurde schließlich nach Deutschland zurückgeschickt, ohne je sein Kind gesehen zu haben.

Bei seinem letzten Besuch in Norwegen begegneten sich Jürgen und Marie wieder. Das Wochenblatt war auch diesmal dabei: »Sie traf ihren Geliebten nach achtundvierzig Jahren wieder!« In einem Herz daneben steht: »Tochter brachte Eltern zusammen.« Und auf einem Bild sitzt die alte Marie in feiner Bluse, den Rücken zusammengesunken, die Hände geschwollen, aber die Augen stolz direkt in die Linse gerichtet. »Sie fühlte sich öffentlich rehabilitiert, weil er sagte, er habe sie damals heiraten wollen«, sagt Kiki. Sie lacht. Das sei zwar erlogen gewesen, aber das war ja längst egal. Jürgen Böttger war eben ein Gentleman.

Seit seinem Tod ist außer Kiki und den zwei Halbschwestern aus erster und zweiter Ehe auch noch ein Halbbruder aufgetaucht, von dem bis dahin keiner etwas gewusst hatte. »Wir würden uns nicht wundern, wenn er nicht der Letzte war«, sagt Kiki.

Wenn sie in Surnadalsøra die Straße entlanggeht, grüßt sie alle Vorbeifahrenden. Warum sie nie aus ihrem Heimatort weggezogen ist, in dem jeder ihre Geschichte kennt, ist für sie schwer zu erklären. Sigurd und sie hätten das wohl mal vorgehabt, aber dann war erst die Großmutter, später die Mutter krank geworden. Und schließlich hat Kiki gelernt, sich mit den Leuten und der Vergangenheit zu arrangieren. Längst ist sie mit den Nachbarjungen versöhnt, die damals die

Deutschenkinder quälten. Einmal ist sie sogar in die Stadt Ålesund gefahren, weil sie ihren Vergewaltiger sehen wollte. Doch der hatte sich kurz zuvor von der Kaimauer gestürzt.

Mit hundertvierzig Kriegskindern schloss sich Kiki zu einem Verband zusammen, um den norwegischen Staat auf Entschädigung für ihre verpfuschten Leben zu verklagen: »Nicht nur für uns, sondern auch für unsere Mütter.« Doch die norwegischen Gerichte entschieden, die Klage käme zu spät, die Ansprüche seien verjährt.

Der Mutter hat sie die Hand gehalten, als sie starb. Kiki hat den Mut gehabt, ihr zu verzeihen. Sie hat verstanden, dass die Mutter von ihrer Umgebung dazu getrieben wurde, ihr Kind nicht anzunehmen. »Doch nah«, sagt sie, »standen wir uns bis zum Ende nicht.«

Walheimat

Ein Filmstar findet seinen Altersruhesitz

Da war ein Geräusch in der stillen Bucht: Als nähere sich ein Heißluftballon. Minutenlang nichts, dann ein gewaltiges Schnauben. So hört sich ein Wal an, der ausatmet. In der Ferne des Fjords schoss eine Fontäne aus Keikos Kopf, spritzte seine Atemgischt in frohem Bogen durch die laue Luft. Es war der September 2002, als Keiko zum ersten Mal aus dem westnorwegischen Halsafjord auftauchte. Er war allein und suchte Kontakt: verfolgte Boote, stupste sie in die Seite, badete mit den Kindern und ließ sich von ihnen streicheln wie einst bei seinen Poolpartys im mexikanischen Vergnügungspark. »Er fühlt sich an wie nasses Gummi!«, quietschten die Kinder vor Reportern aus aller Welt, die ins kleine Halsa gestürmt waren. Schon verstopften Touristenbusse den schmalen Sandweg hinaus zur Landzunge. Alle wollten ihn sehen: Keiko, den Kinohelden aus dem Hollywood-Hit »Free Willy«.

»Es ging zu wie im wilden Westen«, sagt Lars Olav Lillebø, der von der kleinen Gemeinde zum »Keiko-Koordinator« ernannt wurde. »Viertausend Besucher in den ersten fünf Tagen. Ich hatte CNN auf den Fersen und das japanische Fernsehen!« Im Internet wurde das Wetter für Halsa vorausgesagt, vor Hawaii und Hongkong. Lars Olav Lillebø lacht in seinen Vollbart. Was stand Halsa Kopf! Dieser winzige Ort, der seine Berufsschule schließen musste, weil es nicht mehr genug Jugendliche gab. Sogar aus Neuseeland riefen Walliebhaber bei ihm an und flehten, die bösen Norweger sollten Willy bitte nicht töten. Schließlich seien sie ja in der ganzen Welt dafür verschrien, dass sie Wale abmurksen.

Doch der Killerwal hatte Glück: Von den achtzehn Walarten, die sich in norwegischen Gewässern tummeln, werden nur die Zwergwale gejagt. Von ihnen, rechnet die Regierung vor, gebe es im gesamten Fanggebiet nämlich mindestens hunderttausend, zu viele für das ökologische Gleichgewicht. In nur sechs Jahren verdoppelte sich die Fangquote, 2010 erlaubte sie den Abschuss von 1286 Tieren. Meist schaffen es die rund fünfunddreißig Walfängerboote aber nicht, tatsächlich so viele zu fangen, wie sie dürften – trotz der Explosivharpunen, die den Tieren innere Wunden reißen und die Norweger zu den liebsten Feinden von Greenpeace machen. Die Umweltorganisation hat sogar die durchschnittliche Dauer des Todeskampfes errechnet: drei Minuten und dreiunddreißig Sekunden. Als Antwort hat irgendjemand T-Shirts drucken lassen, auf denen steht: »Big men need big food – Fucking Greenpeace«.

Niemand wird je wissen, warum Keiko ausgerechnet bei diesem Volk Halt machte. Doch bewies der Wal Geschmack. Frischgrün fließt die Wiese den Hügel hinab an das klare Wasser der Taknes-Bucht. Die Vögel zwitschern, das Bächlein plätschert, die Blüten blühen. Und neben dem Steg aalte sich Keiko, rollte sich auf den Rücken, wendete sich auf den Bauch und wieder auf den Rücken. Seine Betreuer fanden, dass Keiko etwas zu faul sei. Deshalb drehten sie mit ihrem Motorboot große Kreise im Fjord und Keiko musste hinterherschwimmen. Machte er auch, der brave Wal. Nur frei sein, frei sein wollte er anscheinend nicht. Dabei sah es am Happyend von »Free Willy« so schön aus: Willy, aus dem Vergnügungspark befreit, planscht mit seinen Artgenossen im Ozean herum, krumme Rückenfinne vor Sonnenuntergang, in Zeitlupe.

Kinder schlugen daraufhin ihre Sparschweine auf, ein US-Milliardär plünderte sein Privatvermögen, um den Wal auch in Wirklichkeit so glücklich zu machen. Sechs Jahre lang wurde Keiko vorbereitet, im Fischfang und Luftanhalten trainiert, schließlich zur Auswilderung nach Island geflogen. Im Juli 2002 war es dann so weit: Der Killerwal Keiko schloss sich einer Gruppe von Artgenossen an. Die Walfreunde jubelten.

Doch nach zwei Monaten schon hatte Keiko genug. Vielleicht war er einfach aus der Puste. Schließlich war er schon vierzehnhundert Kilometer geschwommen – nach zwanzig Jahren im

Aquarium kann so was ganz schön anstrengend sein. Vielleicht waren die anderen Wale auch gemein zu ihm, dem dressierten Wal, der gern auf Zeichen nickte, winkte oder Bogen sprang. Es kann sein, dass Keiko da draußen im Nordatlantik einfach eingesehen hat, dass er ein Stubenwal ist. Jedenfalls schwamm er nach Norwegen.

Selbst in den ruhigen Küstengewässern von Halsa stieß Keiko jedoch schnell an seine Grenzen. In seinem ersten Winter schwamm er aus Versehen unter die Eisdecke. Woher sollte er auch wissen, was Eis ist? Im Aquarium hatte es so etwas nicht gegeben. Als Keiko aufstieg, um Luft zu holen, stieß sein Rücken gegen etwas Hartes. Immer und immer wieder knallte er seine Tonnenschwere gegen das Eis, bis es endlich zerbarst. Halb erstickt war Keiko da. »Sein Rücken sah aus wie Hackfleisch«, sagt Lars Olav Lillebø. Die Wunde brauchte ewig zum Verheilen. Die Betreuer spülten den verletzten Rücken mit dem Schlauch ab. »Das hat er gern«, sagte Keikos Betreuer Frank.

Die Taknes-Bucht, in die Keiko umgesiedelt wurde, ist garantiert eisfrei und wurde zu Wasser und Land abgesperrt, damit sich die Menschen nur noch auf dreißig Meter nähern konnten. Nicht überprüfen ließ sich seither der Satz, den im Film ein Indianer über den Wal sagt: »Diese Augen schauen den Menschen in die Seele, wenn sie wollen.« Aus der Ferne wirkte Keiko eher wie eine Gesellschaftsnudel, die sich ein bisschen langweilt. Wer Poolpartys gewöhnt ist, hat eben nicht gelernt, sich selbst zu beschäftigen.

Viele Touristen kamen nicht mehr nach Halsa, seit Keiko abgeschirmt wurde, die Taknes-Bucht lag meist verlassen da. »Ist schön, dass mal wer den Weg zu uns heraus findet,« sagte der Bauer Ola Hendgen, wenn er einen Gast sah. Seine Augen über dem weißen Vollbart lächelten und aus dem Stall muhten fünfzehn Kühe.

Am Hang über der Bucht stehen nur drei Höfe. In dem einen wohnt der Bauer Ola. Den anderen Hof betreibt sein Bruder Arve. Und in der Mitte steht das Haus ihrer verstorbenen Eltern. Da zogen die Walbetreuer ein, die Keiko fortan die Zunge kraulten, die Flossen massierten und ihm Heringe zuwarfen, sechzig Kilo am Tag und unbedingt tiefgefroren – wie er es aus seiner mexikanischen Kindheit gewöhnt war. Frischen Fisch spuckte Keiko sofort wieder aus. Ein glücklicher Zufall war es da, dass es in der geschlossenen Berufsschule von Halsa einen Kühlraum gab. Die Gemeinde tat, was sie konnte. »Schließlich hat der Wal uns auf die Weltkarte gesetzt,« sagt Lars Olav Lillebø.

Arve Hendgen richtete sogar einen kleinen Parkplatz für die Besucher ein, dort, wo er sonst das frische Holz gelagert hatte; drei Stellplätze und ein kleines Schild, auf dem »Keiko« stand. »Der Glückliche« bedeutet das auf Japanisch. Und wirklich: Keiko konnte sich nicht beschweren. Tat er auch nicht. Nur manchmal büxte er ein bisschen aus und folgte den Booten hinaus in den Fjord. Meistens schafften die Betreuer es, ihn mit der Futterglocke zurückzurufen. Doch ein paarmal ist er ernsthaft entwischt. »Er ist eben neugierig«, sagte Lars Olav Lillebø mit dem Verständnis eines Vaters, »das ist schon ein Problem für uns.« Die Lachszüchter beschwerten sich, der Killerwal mache den Aufzuchtsfischen Angst; die Fischer maulten, er fresse ihre Beute.

Eigentlich sollte Keiko sowieso nur ein paar Monate in der Taknes-Bucht überwintern, bis eine Gruppe von Walen im Frühjahr auf Suche nach Nahrung in den Fjord kommen würde. Es sind aber keine gekommen. Einmal, im Februar, hat Keiko sich ganz wild aufgeführt, da sind draußen im Meer seine Artgenossen vorbeigezogen. »Er hat sie wohl singen hören, aber sie waren viel zu weit weg für ihn,« sagt Lars Olav Lillebø. Lange wusste keiner so recht, was weiter mit Keiko geschehen soll. Nur eins war klar: Jeder Tag kostete die »Free Willy Foundation« eine Stange amerikanisches Geld. »Wir von der Gemeinde würden am liebsten ein Show mit Keiko machen«, sagte der »Keiko-Koordinator« Lillebø. Doch das hätten die Walbetreuer natürlich niemals zugelassen.

Als alles anfing, da hatte Lars Olav Lillebø voll Fremdenverkehrs-Elan Bilder von seiner Tochter und dem Wal aufgenommen, hatte mithilfe von Photoshop einen Spruch daruntergesetzt und Postkarten davon drucken lassen: »Mach es wie

Keiko, wähle Halsa!« Die Postkarten kann er jetzt wegwerfen. Denn kurz vor Weihnachten 2003 verstarb Willy der Wal in der Bucht seiner Wahl an Erkältung. »Nach kurzer Krankheit« stand in der letzten Pressemitteilung seines Lebens.

Vielleicht hat sich der kluge Wal Norwegen ja zum Sterben ausgesucht. Vielleicht aber, ganz vielleicht, war es ihm im schönen Halsafjord auch einfach nur sterbenslangweilig.

Frauenwunder

Die Norwegerinnen und die Emanzipation

Ein kleines Mädchen und ein Junge diskutieren, was sie werden wollen. »Wenn ich groß bin, werde ich Regierungschef«, sagt der Junge. »Das geht doch gar nicht, du bist doch ein Junge!«, antwortet das Mädchen. Die Unterhaltung soll 1995 wirklich stattgefunden haben. Damals befand sich das Land seit neun Jahren fest in Frauenhänden: 1986 war Gro Harlem Brundtland als *statsminister* angetreten. Ihr Kabinett war zur Hälfte weiblich und ihre Herrschaft ein Jahrzehnt lang unangefochten. Sie ist es, vierzehn Jahre nach ihrem Abtritt und drei männliche Nachfolger später, im Grunde noch immer. »Gro«, wie die Norweger sie nennen, bleibt die heimliche Autorität des Landes. Als ihr Ehemann ein Buch namens »Verheiratet mit Gro« schrieb, war es so ein Erfolg, dass er Teil zwei nachlegte: »Immer noch mit Gro verheiratet«. Die Titel alleine zeigen schon, was für eine Geschlechterrolle vorwärts die Norweger in den vergangenen dreißig Jahren gemacht haben.

Man kann Statistiken bemühen, um die norwegische Frau zu beschreiben. Zum Beispiel eine UNO-Studie, nach der das Land unter sechzehn

Staaten Europas den weitaus höchsten Anteil an berufstätigen Frauen hat: neunundsechzig Prozent. Man kann sich aber auch einfach auf der Straße umblicken. Da gehen sie, mit festen Schritten und geraden Blicken. Es ist etwas Aufrechtes an ihnen, etwas Klares und Unverbogenes: die Gewissheit, frei zu sein. Sie ducken sich nicht. Sie machen ihre Stimmen nicht mädchenklein. Ihr Lächeln ist nicht da, um zu gefallen. Ihr Lachen ist manchmal rau, ihre Scherze zuweilen derb. Sie gehen ihren Weg. Kann man Emanzipation sehen? Ja, das kann man. Vor allem in den Parks: Hinter jedem Kinderwagen hängt ein Mann, wie ein Kabarettist spaßte. Norwegen war das Land, das die Vaterzeit erfand, und zwar schon im Jahr 1993. Sechs Wochen gönnt der Staat seinen jungen Vätern – nicht auf die Mutter übertragbar. Das lässt sich keiner gerne entgehen.

Die Mütter bekommen ob der Geburt zehn Monate lang ihr volles Gehalt – und kehren danach meist gleich in den Job zurück. Fast neunzig Prozent der Kinder von ein bis fünf Jahren gehen in den Kindergarten, der ganztags geöffnet ist. Kein Wunder wohl, dass in Norwegen weit mehr Kinder geboren werden als bei uns. 2009 waren es so viele wie seit 1972 nicht mehr, statistisch kommen auf jede Norwegerin fast zwei Kinder.

»Wir haben keine Angst davor, uns durch Kinder die Zukunft zu verbauen«, sagt Silje, 28, aus Drammen. Sie wurde als zwanzigjährige Studentin von ihrem afrikanischen Freund schwanger, doch die Beziehung zerbrach vor der Geburt der Tochter. Seither hat die alleinerziehende Mutter sich zur Tonmeisterin ausbilden lassen – der Staat zahlte ihr sechs Jahre lang rund tausend Euro Unterhalt im Monat, deckte zusätzlich die Kosten für Krippe und Kindergarten. »Das Kind hat mich nie daran gehindert, alles zu tun, was ich wollte.« Und die norwegischen Männer lassen sich längst nicht mehr durch uneheliche Kinder abhalten: »Viele meiner Freundinnen haben trotz Kind einen neuen Freund gefunden.«

Unter den Frauen zwischen fünfundzwanzig und neunundzwanzig Jahren leben vierzig Prozent ohne Trauschein mit einem Mann zusammen. Neun von zehn Paaren, die kirchlich heiraten, haben schon vor der Ehe eine Wohnung geteilt. Die Hälfte aller norwegischen Kinder wird unehelich geboren, ein Viertel wächst nur bei der Mutter oder dem Vater auf. Nirgendwo in Europa ist die traditionelle Familie so in Auflösung wie in Norwegen – vielleicht, weil die Frauen nirgendwo unabhängiger leben können.

Seit zehn Jahren erzieht Monica, 34, ihre drei Kinder, zehn, zwölf und dreizehn Jahre alt, alleine. Seit sieben Jahren hat sie einen neuen Freund. Vor drei Jahren zog sie allein mit den Kindern nach Lillehammer, um an der Filmschule zu studieren. Inzwischen lebt sie vom Drehbuchschreiben und hat sich ein Haus am Oslofjord gekauft – ohne ihren Freund. »Ich bin einfach zu selbständig. Ich muss allein meinen Tagesablauf bestimmen. Die

Frauen meiner Generation sind nicht dazu erzogen, auf den Prinzen zu warten«, sagt Monica.

Zwar arbeiten die Frauen öfter Teilzeit als die Männer und haben einen niedrigeren Durchschnittslohn. Doch Norwegen gehört ihnen trotzdem. Während der Feminismus bei uns als verbissen, verkrampft und altmodisch gilt, ist er in Norwegen bis heute rein positiv besetzt. Die Zeitung *Dagbladet* druckte eine Liste der »mächtigsten Frauen«, in der sie die Damen nach ihrem Netzwerk, ihrem Einkommen, ihrem Einfluss, ihrer Durchsetzungskraft bewertete. »Sucht die Macht und setzt sie ein«, steht da etwa offen bewundernd über eine Vorstandsvorsitzende. Keiner kommt auch nur auf den Gedanken, das unweiblich zu finden.

Weltweit machte Norwegen mit einem einzigartigen Gesetz Furore: Die Aufsichtsräte der börsennotierten Aktiengesellschaften müssen seit 2008 zu vierzig Prozent mit Frauen besetzt werden. Bei Zuwiderhandlung kann ein Unternehmen von der Börse ausgeschlossen werden. 2010 saßen jedoch bereits mehr Frauen in den Gremien, als die Quote vorschreibt.

Die norwegischen Männer respektieren die Stärke ihrer Frauen. Der Umgang miteinander ist kumpelhaft und liebevoll. Beide Geschlechter erklären gern, wie sehr sie das jeweils andere schätzen. Bestes Beispiel war die Geburt von Ingrid Alexandra, der kleinen Thronfolgerin, Anfang 2004. Während die weiblichen Parteispitzen betonten, ein Junge wäre ihnen genauso lieb gewesen, frohlockten die Männer: »Es ist erfreulich und spannend, dass die Erstgeborene ein Mädchen ist. Damit wird Geschichte geschrieben.« Das sagte der Parteichef von Venstre (Die Linke). Der Leiter der KrF (Christlichen Volkspartei) bekannte: »Ich habe auf ein Mädchen gehofft. Unsere erste Thronfolgerin seit 1388 wird die Monarchie stärken.« Und der Chef der Ap (Arbeiterpartei) sagte: »Dies ist ein wichtiges Ereignis für die Gleichstellung. Wir hatten eine Regierungschefin, jetzt ist es endlich an der Zeit für eine Königin!«

Sein Verweis auf seine Parteifreundin Gro Harlem Brundtland ist natürlich Absicht. Gilt sie doch als Norwegens heimliche Königin: Vorbild, Vorkämpferin, Vorleberin der radikal gleichgestellten Gesellschaft, die Ingrid Alexandra so begeistert willkommen hieß. Vier Kinder und einen Vollzeitjob hatte die studierte Ärztin Gro Harlem Brundtland ihr ganzes Arbeitsleben lang. Kaum als Regierungschefin abgetreten, wurde sie an die Spitze der WHO gewählt, der Weltgesundheitsorganisation in Genf. Das war der zweithöchste Posten, den ein Mensch mit norwegischem Pass in der Welt je innehatte (1946 wurde Trygve Lie der erste Generalsekretär der UNO).

Auch dort in Genf knallten ihre Absätze über die Flure, sprach sie wie ein Maschinengewehr, verbannte die Raucher aus dem ganzen Gebäude und zog sich den Zorn der Tabak- und Zuckerindustrie zu, gegen die sie vor allem kämpfte.

Nach Abschluss ihrer Amtszeit behauptete sie steif und fest, pensioniert zu sein: »Ich werde nur noch einige Vorträge halten und in einigen Aufsichtsräten sitzen, und andere Kleinigkeiten machen.« Doch noch jahrelang mischte sie sich weiter in alles ein: knöpfte sich etwa den Chef der Ölgesellschaft Statoil vor und fragte ihn öffentlich, warum er denn nur fünfzehn Prozent weibliches Führungspersonal habe. Woraufhin dieser pflichteifrig darauf verwies, dass es unter den jüngeren Führungskräften ganze 32 Prozent seien, und wie sehr er doch einsehe, dass seine Ölplattform-Chefinnen die Angestellten besser handhabten als ihre männlichen Kollegen.

Frauen, die über Ölplattformen befehligen: Besser kann man den Zustand der norwegischen Gesellschaft gar nicht zusammenfassen.

Die Möbelmaschine

Wie ein Fernsehsessel zum Retter einer Region wurde

Sonne, bitte gehe noch nicht unter! Das Ende dieser Straße ist ganz sicher das Ende der Welt. Im Dunkeln wird das Eis bestimmt noch rutschiger. Und niemand merkt, wenn es einen kleinen Toyota hier oben aus der Kurve trägt; es fahren ja keine anderen Autos durch diese Einöde aus Schnee. Die Gipfel färben sich im Rückspiegel schon tief rosa. Da vorne taucht eine gewaltige Felswand auf, die den Tunneleingang fast unter sich erdrückt. Bevor das Radio im Bergbauch zu rauschen beginnt, schafft der Sprecher aber noch eine Meldung: »Rekordumsatz bei Ekornes. Der westnorwegische Möbelkonzern erzielte das beste Ergebnis seiner Firmengeschichte.« Und plötzlich macht alles wieder Sinn: weil am Ende der zwölf Kilometer Tunnel und der vereisten Serpentinen, der zwei Fährfahrten und endlosen Fjordumrundungen nicht das Ende der Welt liegt. Sondern der Weltkonzern Ekornes AG.

Ein paar Höfe, auf den Hang gestreuselt, eine letzte Kurve. Dahinter aus dem Nichts eine der modernsten und erfolgreichsten Möbelfabriken Europas. In der Rezeption ist es warm, man sitzt gemütlich, natürlich auf einem Ekornes-Sofa. Aus der Marketingabteilung kommt Ivar Jan Langlo die Treppe hinab und lächelt, dass sich die Augen schlitzen. Später wird er viele Theorien über den Erfolg von Ekornes aufstellen. Aber erst einmal will er seinen Film vorführen. Da sind sie wieder: die Berge. Die Fjorde. Der Wald. »Es bringt nichts, darüber zu klagen, dass wir hier draußen sitzen«, erklärt Ivar Jan Langlo. »Wir nutzen unseren Standort lieber als Reklame.« Der Standort heißt Ikornnes. Er war weniger als ein Dorf, als der Bauernsohn Jens Ekornes 1934 beschloss, Sprungfedern zu produzieren.

»Der Hof der Eltern war zu klein für seinen Expansionsdrang«, sagt Arve Ekornes, der Großneffe des Gründers. Das kleine weiße Holzhaus, in dem der Möbelmillionär aufwuchs, steht noch immer am Hang hinter der Fabrik. Darin wohnt jetzt der Betriebsarzt, der ebenfalls ein geborener Ekornes ist. Es gibt viele Ekornes in Ikornnes. Arve Ekornes zum Beispiel hat fünf Kinder, obwohl er aussieht wie Anfang zwanzig: dünn wie ein Strich, mit blonden Strähnchen im Haar. Er ist aber schon seit über zehn Jahren der Produktdirektor der Ekornes AG. Einen ganzen Nachmittag wird seine Führung durch die Fabrikhallen dauern, wo die Roboter mit den Kameraaugen ihre sekundenbruchteilschnellen Griffe tun. Arve Ekornes liebt Maschinen. Vor allem, wenn sie alles ganz und gar alleine machen.

Zum Beispiel lackieren: »Das wird viel gleichmäßiger als früher!«, sagt Arve Ekornes. Fast schwindelig wird einem von den Bewegungen der Roboter, die so gar keinen Millimeter verschenken, die ihre Richtung so abrupt ändern, als habe es die vorige Bewegung nie gegeben. Nur noch vereinzelte Menschlein sind in den Hallen zu sehen, sie sind die Roboterbetreuer. »Wir brauchen nur noch 2,7 Stunden menschliche Arbeitszeit für einen Sessel, den wir für bis zu zehntausend Kronen verkaufen«, sagt Arve Ekornes stolz. »Wir haben die japanische Autoindustrie als Vorbild.« Entlassen wird bei Ekornes zurzeit zwar niemand, umgeschult aber werden viele. »Wenn wir langsamer gewachsen wären, hätten wir Hunderte rauswerfen müssen.« 720 Leute arbeiten in der Konzernzentrale in Ikornnes, im Rücken die verschneiten Berge, zu Füßen den felsigen Fjord von Sykkylven.

Es mag nun absurd klingen, aber entlang dieses Fjords produzieren noch zwanzig weitere Möbelfabriken. Der Fjord ist der Möbelmittelpunkt des Landes. Die Industrie hinter den sieben Bergen entstand aus Zufall und wider jede Vernunft. Holz jedenfalls gibt es hier nicht, damals wie heute mussten alle Rohmaterialien von weither importiert werden. Doch in den zwanziger Jahren hatte ein sechzehnjähriger Junge begonnen, Korbstühle zu flechten, und damit so überraschend viel Geld verdient, dass alle es ihm nachtun wollten. Jeder zweite Hof im Sykkylvenfjord startete einen so genannten »Kellerbetrieb«, in dem ein paar Stühle geflochten oder Tische gezimmert wurden. Auch in die anderen Fjordarme der verarmten Region Sunnmøre breitete sich das Möbelfieber aus. In den dreißiger Jahren war Jens Ekornes nur einer von sehr vielen Kleinstindustriellen, die ihr Glück machen wollten.

»Es herrschte ja Not damals, Tuberkulose und Unterernährung. Wir hatten so schlechtes, steiles Land, als Bauern hatten wir keine Zukunft«, sagt Jon Jarnes, 87. Er, der Nachbarsjunge, war der Erste, den Jens Ekornes 1936 einstellte, um Sprungfedermatratzen zu produzieren. Damals war das eine gewagte Geschäftsidee. Die Bauern schliefen schließlich noch auf Strohsäcken und machten sich über Jens Ekornes lustig. »Aber er hatte so unglaublich viel Optimismus«, sagt Jon Jarnes. Die Bedingungen waren hart: »Wir arbeiteten zu dritt in einem kleinen Holzhaus ohne Klo und Heizung. Im Winter vereisten die Fensterscheiben und wenn wir mal mussten, dann ging es runter an den Fjord. Aber das durften wir nur bei Ebbe, damit die Flut wieder alles wegspülte.« Er muss kichern, während er das erzählt. Obwohl es damals kaum lustig gewesen sein kann. Zehn Stunden arbeiteten sie jeden Tag. »Eine Matratze sollten wir zu dritt schaffen«, erzählt er. Dafür gingen sie abends mit fünf Kronen heim. »Da waren unsere Eltern sehr stolz. Wir hatten ja gar nichts, für uns war das viel.« Eine Flasche Brause, das weiß er noch heute genau, kostete nur fünfundzwanzig Øre. Nach Feierabend gingen alle im Fjord fischen, und jeder hatte eine Kuh im Stall.

»Heute ist kein einziger Hof in Ikornnes mehr in Betrieb«, sagt Jon Jarnes.

Nach ein paar Jahren machte er damals selbst eine kleine Fabrik auf, die Pensionate belieferte. Auf dem Nachbargrundstück wuchs rasant die Ekornes AG. Nach schleppenden Kriegsjahren, in denen Jens Ekornes sogar Matratzen für die deutschen Soldaten stopfen ließ, war er gleich nach dem Krieg nach Amerika gereist. Von dort brachte er gebrauchte Maschinen und die Akkordarbeit mit. Bald schon war er der größte Hersteller der Gegend. Jon Jarnes' Fabrik wurde schließlich von Ekornes geschluckt, nachdem er sie seinem Schwiegersohn übergeben hatte. »Der Generationswechsel war in vielen Betrieben schwer. Die Jugend wollte nicht rund um die Uhr für wenig Geld schuften.« So sind von den vierzig Möbelfabriken nur die Hälfte geblieben. »Aber auch denen geht es schlecht«, sagt Jon Jarnes.

In den Statistiken über die norwegische Möbelproduktion wird Ekornes inzwischen ausgenommen, weil es das Bild verzerrt. Der Konzern fährt achtzig Prozent des Gesamtgewinns ein. Jon Jarnes zeigt aus seinem Wohnzimmerfenster hinunter auf die nagelneue Anlage, die sich am Fjord entlang streckt wie ein Flughafengebäude: »Wenn ich das sehe, wird mir klar, wie alt ich bin.« Den Bau hat der Ekornes-Konzern aus den laufenden Gewinnen bar bezahlt. Früher war dort unten der Badestrand von Ikornnes, gelegen in windstiller Bucht. »Die Idylle ist hin«, sagt Jon

Jarnes, und nach kleiner Pause: »Aber die Arbeitsplätze sind wichtiger.« Als Ersatz, zeigt er, hat Ekornes ein Stück weiter ein Freibad für die Kinder gebaut. »Mehr können sie jetzt aber nicht mehr wachsen, es ist einfach kein Platz mehr da.«

Warum gerade Ekornes so groß geworden ist von all den Möbelfabriken der Sunnmøre? Von der Bescheidenheit des Gründers könnte man reden, der stets nur Lohn entnommen hat. Oder davon, dass er bei allem immer der Erste war. Der Erste, der automatisierte, der Erste, der sein Sortiment begrenzte, der Erste, der am Fjord einen Fernseher hatte, und der Erste, der das Schlafsofa für den norwegischen Markt entdeckte. Man kann aber auch nur ein einziges Wort sagen: »Stressless«. Für die Ekornes-Leute hätte dieses Wort ganz am Anfang des Artikels stehen sollen. Noch besser: als Überschrift. Am besten in Goldlettern. Wer findet, der »Stressless« sei einfach irgendein Sessel, der sollte das keinem Ekornes-Angestellten offen ins Gesicht sagen. »Stressless« ist Ekornes. »Da draußen sind eine Million ›Stressless‹«, sagt Arve Ekornes. »Jeder vierte Norweger hat einen. Oder fast, denn ich habe vierunddreißig.«

Wie vierunddreißig »Stressless« in ein einziges Haus passen können, ist kaum fassbar. Schon die sechzehn mintgrünen Exemplare, die um den Konferenztisch von Ekornes stehen, wirken gedrängelt wie sechzehn Elefantenkühe um eine eingetrocknete Wasserstelle. So ein »Stressless«, der braucht Luft zum Leben, schließlich ist er ein echter Fernsehsessel. Mit breitem Rücken, viel Platz für den Po und abstehenden Armlehnen. Da zwängt den Dauergucker gar nichts. Rechtzeitig zum Fernsehzeitalter wurde 1971 das erste Modell auf den Markt gebracht: ein Sessel auf einem runden Stahlfuß und mit einem Kippmechanismus, durch den man sich gemütlich zurücklegen kann. Am Anfang schleppte sich der Verkauf dahin. Bald merkte man warum: »Norweger lassen keinen Stahl in ihre Häuser«, sagt Jens Petter Ekornes, der damals Verkaufschef war. Er grinst frech über seine skurrilen Landsleute – und über den Trick, mit dem Ekornes sie bezwang: Der Stahlfuß wurde durch einen aus Kupfer ersetzt. Und siehe da, der passte so schön zu den alten Kupferpfannen der Norweger, dass der Sessel reißenden Absatz fand.

Heute verlassen jeden Tag rund eintausend Stück »Stressless« die Fabrik in Ikornnes und fahren in die Welt: nach New York, nach Tokyo, nach Hamburg. Etwa die Hälfte der Ware wird mit Schiffen transportiert, die andere per Lastwagen. Die fahren dann auf Fähren und um Fjorde, durch Wälder, durch Tunnel und über Gebirgspässe. Wenn die nicht gerade gesperrt sind wegen Schneesturms. Die Ekornes-Leute nehmen das alles mit einem Schulterzucken hin. Sie sind ja hier aufgewachsen. Und der Transport erscheint ihnen überhaupt kein Problem, er ist noch nicht mal teuer. Früher, ja früher, da war man hier draußen angeschmiert! Aber heute ist die Konkurrenz der

Transportunternehmen so blutrünstig, dass Ekornes damit keine Sorgen mehr hat.

Den Anfang der langen Reise, die ersten fünfzehn Minuten um den Sykkylvenfjord, den aber wollten sie gerne sparen. Also hat Ekornes – was kostet die Welt! – eine Brücke anschubfinanziert, die Ikornnes mit dem Ort auf der anderen Seite des Fjords verbindet. »Die Brücke hat Ikornnes total verändert«, schwört Jens Petter Ekornes, »die Rentner wandern jetzt einfach mal schnell rüber, um sich eine Zeitung zu kaufen. Früher sind sie jahrelang nicht aus Ikornnes rausgekommen.«

Selbst sitzt Jens Petter Ekornes gerade in der Betriebskantine, raucht Kette und erzählt einer Näherin, wie sich seine Frau Kari heimlich das Rauchen abgewöhnt habe. Es klingt nicht gerade, als spreche hier der ehemalige Konzernchef. Und es sieht auch nicht so aus: Nichts lässt darauf schließen, dass Jens Petter Ekornes, spindeldürr wie sein Sohn Arve, aber mit einem Schnurrbart verziert, sich für einen wichtigen Mann halten könnte. Seine ausländischen Gäste empfängt der Pensionär gerne in seinem Blockhaus am Fjord. Und freut sich diebisch, wenn diese rustikale Lebensform ihnen die Sprache verschlägt.

Jeder Norweger kennt Jens Petter Ekornes aus dem Fernsehen, jahrzehntelang war er der beliebteste Industriechef des Landes.

Aber er hat auch schwere Zeiten hinter sich: Nach rasantem Wachstum brach der Umsatz des

Konzerns 1985 ein, halbierte sich innerhalb eines Jahres. »Und keiner wusste, warum. Nicht einmal, in welchen Fabriken Geld verloren ging«, erzählt Ivar Jan Langlo. Die schnelle Expansion hatte die Strukturen des Familienbetriebs überfordert. Arve Ekornes sagt: »Wir hatten die Elefantitis.« 1987 stand der Konzern vor dem technischen Konkurs und Jens Petter Ekornes kündigte. Der Konzern wurde mit staatlicher Hilfe refinanziert, ein neuer Chef aus Dänemark geholt. Der entließ über sechshundert Leute – doch die Umsätze wurden noch schlechter. Der dänische Hardliner passte so gar nicht in den Traditionsbetrieb. »Er stellte sich vor die Angestellten und sagte: Solche wie ich sind wichtig. Solche wie euch kann man jederzeit ersetzen«, erzählt Arve Ekornes. Noch heute wird sein Blick dabei finster vor Empörung: »So etwas geht hier nicht.«

Nein, an so etwas waren die Angestellten nicht gewöhnt. Sie waren Jens Petter gewöhnt, der wie sie alle als Kind in den »Kartoffelferien« bei der Ernte geholfen hatte und der Sätze sagte wie: »Ich habe keine Feinde auf dieser Welt. Ich weiß nicht, wozu das gut sein soll.« Die Älteren erinnerten sich noch an die sechziger Jahre, als die Belegschaft zu Weihnachten zusammen um den Baum tanzte. Und die Ältesten, die erzählten, wie Jens Ekornes ihnen immer von der Arbeit frei gegeben habe, wenn mit dem Postschiff neue Mädchen in den Ort kamen. Damit sie auf Brautschau gehen konnten.

Unter der Knute des Dänen haben die Leute von Ekornes ihre wahre Stärke entdeckt. Heute betet sie die Marketingabteilung als Mantra des Erfolgs vor: »Bei uns sind alle gleich!« Es geht nicht nur um das Duzen. Schließlich duzen Norweger ja sowieso jeden. Auch, dass die Zuschneiderin den Konzernchef beim Vornamen nennt, ist keine Seltenheit. Bei Ekornes sind sie aber noch etwas gleicher, als die Norweger sowieso schon sind. »Wir wohnen ja alle in diesen kleinen Kaffs rundum, unsere Kinder gehen zusammen zur Schule, wir treffen uns im Supermarkt«, erklärt Ivar Jan Langlo. Jeder kennt jeden, nicht selten seit Generationen. In einem so engen sozialen Flechtwerk ist kein Platz für brutale Chefs. Und man soll sich nicht einbilden, dass man Ekornes von Kopenhagen aus lenken kann. Der Plan umzuziehen war es, der dem Dänen schließlich das Genick brach. »Das konnte Jens Petter nicht zulassen«, sagt sein Sohn.

Er holte sich die Unterstützung der Familie, 1990 wurde der Vorstand abgesetzt. Jens Petter Ekornes übernahm wieder die Leitung. Und dann geschah etwas, was in der Welt der Wirtschaft sehr selten ist. Die Angestellten kamen von sich aus zu ihrem Jens Petter und boten ihm an, ihre Gehälter zu senken. Sein Vater sei so gerührt gewesen, erzählt Arve Ekornes, dass er sich heimlich geschworen habe, eines Tages alles zurückzuzahlen. Fünf Jahre später konnte der Konzern sich das tatsächlich leisten. Jens Petter Ekornes hatte seine eigenen Schwächen erkannt und stellte einen Geschäftsführer ein.

Ganze fünfundsiebzig Prozent der Produkte wurden damals aufgegeben: »Das war ein Blutbad«, sagt Jens Petter Ekornes. Massenprodukte statt Auswahl, Mainstream statt Avantgarde: Ekornes ist kein Kandidat für Designpreise. In Norwegen würde man den »Stressless« in keinem hippen Heim finden – anders als zum Beispiel in Amerika. »Bei uns ist sein Image *harry*«, sagt Ivar Jan Langlo, was »prollig« bedeutet und sich aus dem Mund eines Marketingmannes geradezu verwirrend anhört. Der »Stressless« wird zwar alle zwei Jahre vorsichtig dem Zeitgeschmack angepasst, der runde Fuß aus Holzlaminat aber bleibt, komme was wolle: Er macht den Sessel zur Marke.

»Die Nüchternheit der Bauernkultur« sei bei ihrer Arbeit sehr hilfreich, meint Ivar Jan Langlo. Arve Ekornes sagt: »Wir sind Weltspitze im Verkauf von ›Stressless‹-Stühlen. Mehr nicht.« Sein Vater, Jens Petter, sagt: »Für mich ist die Herausforderung, hier bei uns Arbeitsplätze zu schaffen. Leicht ist das nicht.«

Bei den Näherinnen läuft an diesem Freitag mal wieder eine schlechte Nachricht über den Fernsehschirm: »Samstagsarbeit wird notwendig sein.« Zu viele Aufträge: Der Balken, der anzeigt, wie die Abteilung im Soll liegt, ist ins Minus gesunken. Darunter laufen zum Ansporn die Aktienkurse der Ekornes AG. Die sind heute wieder einmal gestiegen, immerhin.

Jede Näherin wird dort eingesetzt, wo sie nach Berechnung des Computers am meisten produziert. »Manch einer liegen Kissen mehr als Armlehnen«, sagt Arve Ekornes. Die Arbeit im Akkord ist anstrengend, das sieht man den Frauen an. »Wir schalten unseren Autopiloten ein«, sagt eine Näherin.

Rund dreihunderttausend Kronen (rund sechsunddreißigtausend Euro) Grundlohn erhalten die Industriearbeiter pro Jahr, dazu kommen Akkordzuschläge und Optionsaktien. Insgesamt mehr, als manch angestellter Akademiker im Arbeitsministerium verdient. Kein Wunder, dass sich der Betriebsrat da schon mal vors Radiomikrofon stellt und sagt: »Es ist schön, in einem Betrieb zu arbeiten, in dem sich die Chefs nicht die Taschen voll stopfen.« Die Loyalität, sagt Ivar Jan Langlo, ist das wichtigste Kapital von Ekornes.

Man kann es wohl so sagen: Ekornes verkauft mehr als solide Möbel, einen hübschen Fjord und beschneite Gipfel: Ekornes verkauft Heimat und Zugehörigkeit. Vielleicht sogar ein bisschen Menschlichkeit.

Nichts davon ist Zufall, alles Tradition. Als dem alten Jens Ekornes nach vier Herzanfällen klar wurde, dass die Ekornes AG wegen der hohen Erbschaftssteuer seinen Tod nicht überleben würde, vermachte er 1974 kurzerhand drei Viertel seiner Aktien der Missionsgesellschaft für ihre Kindernothilfe. So konnte er die Steuer umgehen, die Arbeitsplätze erhalten und sich gleichzeitig einen Lebenstraum erfüllen: Jens Ekornes war ein ausgesprochen frommer Mann.

Seiner Heimat Ikornnes hat er eine Kirche an den Hang gebaut. Ein bisschen wie eine Kastanie sieht sie aus, mit spitzen Stacheln, die in die Luft piksen. Sie wirkt zu modern für die verstreuten Bauernhöfe, aus denen sie endlich so etwas wie ein Dorf gemacht hat. Viel zu modern – wie alles, das Jens Ekornes seiner Heimat am Ende der Welt gebracht hat.

Bei Königs

Eine Familie bricht alle Regeln

Prinzessinnengemahl? Ein Schrottjob: immer nur lächeln und der Ehefrau den Vortritt lassen. Woher also nehmen, das passende Plüschmännchen? Prinzessin Märtha Louise suchte in vielen Heuhaufen, doch sie fand nur verheiratete Reiter darin.

Fast dreißig war die ausgebildete Krankengymnastin schon, da traf sie endlich IHN: Ari Behn. Vielmehr: seine Mutter, bei einem Heilpraktikerseminar. Mutti als Heiratsvermittlerin? Ari störte das nicht. Mit seinen neunundzwanzig Jahren hatte er es zu einer Reihe Aushilfsjobs, zwei prominenten Exfreundinnen und einem mageren Büchlein gebracht, dessen Geschichten alle dort aufhören, wo man glaubt, dass sie gleich richtig losgehen werden. Umstrittenstes Zitat: »Sie kletterte an Bord, kaum dass wir angelegt hatten, und hörte erst auf, wenn alle sich in sie entleert hatten.« Das Buch »Von mir ist die Rede« bescherte ihm in Norwegen höchstes Lob und die Gelegenheit, eine Zeitungsdebatte über die Länge seines Penis zu führen.

»Ein Schwiegersohn aus der Hölle«, fanden die Norweger denn auch, und König Harald verweigerte den Prinzentitel. Märtha Louise nennt sich seit der Hochzeit deshalb schlicht Frau Behn – und verzichtete auf ihre Apanage. Zu ihrer Vermählung pilgerten die beiden zu Fuß übers Gebirge. Darüber berichten sie – von irgendwas muss man ja leben – in ihrem Buch »Von Herz zu Herz«: »Ich watete in Licht, bis hinauf zum Knie, alles um mich her strahlte, bis ich zum Rand mit Licht gefüllt war. Ich wurde zu einer Lichtfontäne«, schreibt die Prinzessin darin berauscht von der Liebe zu ihrem Ari. Zwar verkündet der gerne, dass er auf die Deutschen scheiße, und eine der Exfreundinnen tourte mit einer peinlichen Show durchs Land: »Ja, ich habe mit Ari Behn geschlafen … Ich bade immer noch jeden Tag in Domestos, um den Geruch seiner Haarpomade loszuwerden.« Doch Ari, altnorwegisch für Adler, weiß solche Defizite auszugleichen. Indem er der drallen Mutter seiner drei Töchter öffentlich Sätze sagt wie: »Keine Frau in der Welt hat mehr Sexappeal als Märtha.«

Was will eine Prinzessin mehr? Soll das Volk doch murren. Einen standesgemäßen Ehemann gab es in Norwegen sowieso nicht für sie – der Adel wurde schon 1821 abgeschafft. Und ihr kleiner Bruder, der zukünftige König, hat es schließlich nicht besser gemacht. Verliebte sich in ein Mädchen mit wilder Jugend, ohne abgeschlossene Ausbildung, Tochter geschiedener Eltern, alleinerziehende Mutter eines kleinen Sohns, dessen Vater wegen Rauschgiftbesitzes verurteilt worden war. Und mit dieser Mette-Marit Tjessem-Høiby, deren Vorname für Norweger so hoheitlich klingt wie für uns Sandra-Sabine, zog der Kronprinz auch noch zusammen, ohne sie vorher zu heiraten. »Ich führe mit ihr phantastische Gespräche«, sagte er, doch wen kümmerte das schon, wo doch ihr Vater alkoholisiert durch die Spaßmedien trieb?

Der Kronprinz, vom Volksmund nur *Krompen* genannt, brachte das Königreich an den Rand der Republik. Ein Drittel der Abgeordneten wünschte sich fortan einen gewählten Präsidenten. Und König Harald musste sich von seiner Schwester Ragnhild schelten lassen, seine Königskinder hätten schlechte Ratgeber – nämlich ihn.

Solche Reaktionen mögen übertrieben scheinen in Zeiten, wo anderorts Prinzessinnen drei Kinder von zwei verschiedenen Bodyguards zur Welt bringen, um dann zu einem Zirkusdirektor in den Wohnwagen zu ziehen. Aber was kümmert es einen echten Norweger schon, was die Verrückten da draußen im Ausland machen?

Daheim in Norwegen soll es deswegen noch lange nicht aussehen wie bei Königs unterm Sofa.

Das Hüpfen der Muscheln

Kulinarische Glücksgriffe

Wohnmobile sind Norwegern verdächtig. Was geht nicht alles rein in so ein Wohnmobil! Birnenkonserven, Fertignudeln, Vollkornmüsli. Kurz, alles, was ein Urlauber gefälligst in Norwegen zu kaufen hat. Das tut er aber nicht, da sind sie sich ganz sicher. Dabei sollten sie doch wenigstens an ihm verdienen, wo er schon sein Campingklo in ihre Flüsse leert! »Die bringen ihr ganzes Essen mit und kaufen hier gar nichts«, ist eine Theorie, die seit Jahrzehnten die Nation eint – und empört.

Ganz falsch ist sie nicht. Weiß der erfahrene Norwegenurlauber doch, dass die Raststätten nur verkochten Aufzuchtslachs und schlappe Hotdogs servieren; dass ferner Aldi billiger ist als der Landhandel von Vrådal; dass ein norwegisches Kneipp-Brot schneller eintrocknet, als man eine Schwarzbrottüte aufreißen kann, und dass ein Rentier, so eifrig man es auch verschlingen möchte, oft zäh und fade schmeckt. Die Vernunft steht also eindeutig auf der Seite der importierten Fleischkonserve. Das Vergnügen aber, das findet man auf deren Dosenboden nicht. Das Vergnügen findet man in Wald, Wiesengrund und Meer.

Die Julisonne scheint hinab auf die Insel. Wir haben uns ein Kilo Krabben vom Fischer geholt. Wir lassen die Füße ins kühle Wasser baumeln und kippen die Krabben aus der Tüte zwischen uns auf den Fels. Sie sind dick und fest, lang wie ein Ringfinger. Schwanz brechen, Bart abklemmen, Kopf abhebeln, Schale herunterheben. Wir pulen die Krabben und schichten einen kleinen Haufen auf. Manchmal naschen wir zwischendurch eine, aber eigentlich sparen wir sie auf. Die Möwen umkreisen uns, wir werfen ihnen die Schalen zu, sie kreischen begeistert. Endlich ist der Haufen groß genug. Wir brechen das frische Weißbrot und drücken ein bisschen Mayonnaise aus der Tube. Wir stapeln die Krabben auf unserem Brot und nehmen den ersten großen Bissen. Es schmeckt nach Meer und Salzluft und Freiheit. Es schmeckt nach Norwegen.

Oder wir haben den ganzen Tag Heu gemacht. Haben das Gras zusammengeharkt und über die Trockengestelle gelegt, es riecht nach Blütenstaub und feuchter Erde. Nun piksen uns die Halme, wir kratzen uns den Nacken und die Knöchel. Die Muskeln schmerzen, der Magen murrt. Da nimmt die Bäuerin uns in die Küche mit. Sie zieht das Brot aus der Brotschublade. Jeden Tag bäckt sie es selbst, vier Brote mit viel Weizenkleie, Gerste und ein bisschen Roggen. Jetzt holt sie die Seterrømme aus dem Schrank. Fetter glatter Sauerrahm! Wir streichen ihn zentimeterdick aufs Brot und trinken ein Glas warme Milch. Die hat die Bäuerin heute Morgen den beiden Kühen abgemolken, neidisch schauten die kleinen Kälber zu. Dann hat sie die vier wieder laufen lassen, sie stromerten hinab zum See. Die Bäuerin ist alt, ihr Grundstück hat keine Zäune.

Jetzt stehen wir an einer Brombeerhecke. Wir haben sie zufällig gefunden, mitten im Wald. Es sind wilde Brombeeren, sie sind klein und schwarz wie Wieselaugen. Wir stopfen sie in unsere Münder. Sie schmecken so stark, so süß. Warum haben wir keine Sammelbehälter dabei? Im Norden, sagt jemand, reifen die Früchte langsam. Es ist wie bei Mädchen, sagt er, die, die langsam reifen, sind am köstlichsten.

Unter den Fichten hocken wir im Blaubeerkraut, die nackten Knie verschmiert von zerdrückten Beeren, die überall sind, überall! Im ganzen Wald, so weit man sieht, rundes Blau zwischen glänzenden Blättern. Die Beeren, die oben auf den kleinen Erdhügeln wachsen, schmecken besonders gut. Sie mit den Fingern einzeln pflücken und in den Eimer fallen lassen. Sie über den weichen Waldboden nach Hause tragen. Sie mit der Gabel in Sahne zerdrücken, sie mit Zucker bestreuen; dann der einzigartige, ganz und gar blaue Geschmack.

Eine Armee von Rotkappen in einem Hain von Krüppelbirken. Pilze mit Schirmen so groß wie Teller, großporig und weich. Daneben die jugendlichen auf ihren schlanken Stielen, die noch keine Made durchwühlt. Und drunter die winzigen Brüder, kleine Knubbel aus strammem Fleisch. Wir werden sie braten und vernaschen. Wir werden sie trocknen und auf Schnüre ziehen. Wir werden sie in Gläser einlegen. Und immer noch werden da Rotkappen stehen, unverwüstliche Soldaten im Moos.

Es gehört zu den seltsamen Geheimnissen der Norweger, dass sie solch gute Rohwaren besitzen und stets so wenig daraus gemacht haben. Ihre Phantasie, Neues zu erfinden, war begrenzt. Elch isst man mit Preiselbeeren, Punkt. Lamm mit Weißkohl geschichtet. Blaubeeren gerührt auf Waffeln. Zum Geburtstag Fürstenkuchen mit Mandeln, Zimt, Zitrone. Herrliche Gerichte, doch einfach und ohne Abwechslung.

Natürlich hat es auch Vorteile, so konservativ zu sein. Zum Beispiel gibt es an norwegischen Kiosken bis heute die Schokolade »Lohengrin« zu kaufen, die 1911 zur Premiere der Wagneroper für das Nationaltheater kreiert wurde. Sie trägt noch die Originalornamente. Sind das nun Jugendstilrosen oder Wikingerdrachen?

Auch ihre Orangenbrause wollten sich die Norweger nicht ausreden lassen: »Solo« gibt es unverändert seit 1934. Dabei hat der Coca-Cola-Konzern sehr brutal versucht, das norwegische Produkt aus dem Markt zu drängen, um Platz für »Fanta« zu schaffen. Die Norweger aber fanden zu Recht, dass ihre »Solo« besser schmeckt.

Auch nimmt der Verkauf des altmodischen braunen Ziegenkäses rasant zu, den vor hundertvierzig Jahren die junge Sennerin Anne Hov erfand. Dabei entsetzt sein Geschmack die meisten Ausländer: süß und sahnig wie Karamell, doch mit einem Odeur von Stall, den man als Kind lieben lernt – oder nie.

Dasselbe gilt für den Stockfisch. Zwar stehen die großen Trockengestelle im Norden fast alle leer, doch ein paar Dorsche für den Hausgebrauch hängt sich noch mancher zum Trocknen unters Vordach. Und wenn dann Fußball läuft, reißt man sich ein Stück zäher Fischfaser ab und knabbert sie, als wären es Chips. Wer das von klein auf kennt, mag es nicht missen.

In Valdres floriert aus demselben Grund die *Rakfisk*-Industrie: Sie stellt jene fermentierten Forellen her, die an Weihnachten im östlichen Hochland nicht fehlen dürfen. Fünftausend Jahre alt ist die Tradition. Früher wurde der Fisch mit Salz in seinem Bauch in den Boden eingegraben; heute sorgen Kühlräume für die gleich bleibende Temperatur und der Fisch gärt in Salzlake. Das Resultat ist dasselbe: gesteuerte Verrottung. Sie macht den Fisch haltbar und gibt ihm seinen beißenden Geruch.

So altmodisch der *rakfisk* ist, bleibt er doch beliebt, denn er schmeckt wirklich gut – im Gegensatz zum Walsteak. Das Fleisch der riesigen Wale kam früher nur deshalb auf den Tisch, weil es so billig war und die Kinder schnell satt machte. Man legte das Fleisch lange in Milch ein, um den Trangeschmack loszuwerden. Wirklich weg bekam man ihn aber nie. Heute ist es daher nicht mehr leicht, den Wal an den Nordmann zu bringen. Mit Rezeptvorschlägen im Internet versuchen es die Vertreiber. Da gibt es dann »Wal im Wok« oder »Walcarpaccio« und »Wal in Mexikosoße«.

Ein wenig lächerlich wirkt das zwar, doch gehören die Walverkäufer damit zur Avantgarde: zurück zu den urnorwegischen Rohwaren und damit Neues machen! Das ist die Zukunftsweisung der jungen Köche – und sie tragen sie aus ihrem felsigen Land hinaus in die Welt.

Alle zwei Jahre kochen im französischen Lyon die internationalen Spitzenköche um den Meistertitel »Bocuse d'Or«. Monatelang bereiten sich die Kochteams darauf vor, gegen die besten Zungen aller Nationen abzuschmecken. Der Gewinner 2003: der Koch einer norwegischen Betriebskantine. Es klang wie ein Scherz und war doch wahr. Charles Tjessem, damals erst einunddreißig Jahre alt, arbeitete für den Ölkonzern Statoil in Stavanger. Der lässt sich den Genuss seiner Mitarbeiter viel kosten – sogar draußen auf den Plattformen isst man vorzüglich. Und im firmeneigenen Restaurant, das der Kantine angeschlossen ist, werden jeden Abend zweihundert aus aller Welt geladene Gäste beköstigt – gute Geschäfte gehen eben durch den Magen. Da leistete sich Statoil gern ein Ausnahmetalent wie Charles Tjessem.

»Es ist wie Weihnachten und der Nationalfeiertag zusammen!«, jubelte er beim »Bocuse d'Or« und zog mit Seekrebs an Fjordforelle elegant an Frankreich und Deutschland vorbei. Für Deutschland war dieser dritte Platz die erste Auszeichnung überhaupt. Norwegen aber, kulinarisches Bauernland, gewann damals schon zum dritten Mal Gold. Sechs Jahre später war der achtundzwanzig Jahre alte Geir Skeie dann der vierte Norweger und jüngste Koch, der den internationalen Kochwettbewerb überhaupt je gewonnen hatte.

Bent Stiansen war 1992 der erste Sieger gewesen. Heute kocht er in seinem Restaurant »Statholderengården« in Oslo, einem gediegen bürgerlichen Haus, das man sich leisten können muss. Im Kellergewölbe richtete er einen Ableger fürs Volk ein, der billiger ist und auch schlechter schmeckt. 1999 gewann dann der Chef des Osloer »Oro«, Terje Ness. Sein Stil folgt internationaler »Essthetik«: asiatisch verschlankt, die Geschmäcker global gemischt. In einem kleinen Laden neben seinem Restaurant eröffnete er einen »Deli« nach New Yorker Vorbild: Feinkost, vom Küchenchef ganz nebenbei vertrieben.

Der dritte Weltmeister, Charles Tjessem, betreibt ein eigenes Lokal in seiner westnorwegischen Heimatstadt Sandnes, in dem er nicht nach den Sternen greift, sondern bodenständige Küche aus lokalen Produkten anbietet. Auch der jüngste der Goldköche bleibt auf dem Land: Geir Skeie entschied sich, sein eigenes Lokal in Sandefjord zu eröffnen, einer Kleinstadt, die bisher nur für ihre chemische Industrie und ihren Billigflieger-Flughafen bekannt war.

Alle vier Weltmeister haben Kochbücher herausgebracht, immer ein gutes Nebengeschäft. Doch sind sie damit nicht allein. Ein Schwall von Kochanweisungen geht den Norwegern derzeit auf die Geschmacksnerven. Allen voran die Fernsehköche »Bølgen&Moi«, die der Nation in einer ehemaligen Feuerwehrstation in Oslo auch gleich das Restaurantdesign der Zukunft nahe bringen: lange Tafeln, klare Farben, viel Licht. In Oslo isst man heute so modern wie in Berlin oder New York – nur sind die Meeresfrüchte frischer. Weltmeister Charles Tjessem hat mit einigen Kollegen ein Kochbuch geschrieben, das von diesen norwegischen Meeresfrüchten erzählt; es ist ein fast volksaufklärerisches Werk. Die Botschaft: Ihr wisst gar nicht, was ihr alles in euren Fjorden habt.

Inzwischen begreifen das allerdings immer mehr Leute. Und die tauchen ab. Hinab in die Fjorde zu Auster und Seeigel. Bjørn und Silje haben vor drei Jahren ihre erste Tauchstunde absolviert – im Urlaub auf Malta. Kaum wieder zu Hause, traten sie dem Tauchklub ihres Dorfes bei, von dessen Existenz sie vorher nicht einmal gewusst hatten. Schon bald war ihr Keller voll mit Sauerstoffflaschen und Trockenanzügen und ihre Kühltruhe gefüllt mit Kammmuscheln. »Ich hatte noch nie in meinem Leben Muscheln gegessen«, sagt Silje. »Aber da unten kann man das Sammeln gar nicht lassen.« Sie dämpft die Kammmuscheln in Weißwein oder mariniert sie in Knoblauch. Gerichte, die kulinarische Meilen entfernt sind von der bäuerlichen Küche, mit der sie daheim aufwuchs.

Die Begegnung mit einer Kammmuschel aber gehört zu den lustigsten, die man in Norwegen haben kann. Klar, mit Essen soll man nicht spielen. Bei einer Kammmuschel fällt das jedoch schwer. In zehn Meter Tiefe schon findet man sie in Sand oder Schlamm. Dort liegt sie und schaut einen an – eine Kammmuschel hat viele Augen. Und auf den Teller will sie nicht! Nähert man sich ungeschickt, dann hüpft sie ganz einfach davon. Ja, eine Kammmuschel kann hüpfen. Und sogar schwimmen. Und gerade jene, die sich besonders schnell aus dem Staub machen, sollte man verfolgen. Im Kochbuch von Charles Tjessem findet sich nämlich der hilfreiche Hinweis, dass es dann am besten schmecke, »wenn die Muschel gute Kondition hat«. Ein Satz, der auf der Zunge zergeht.

Studieren auf dem Dorf

Universitäten der Sonderklasse

Auf dem Dach tanzt der Schnee. Der Wind wirbelt ihn in perfekter Pirouette bis hoch in die Tannenwipfel, wo er zerstäubt. Schwer liegt die Schneedecke auf dem Holzhaus, weit über die Regenrinne hängt sie herab – als fiele dem Haus ein zu langer Pony ins Gesicht. Dahinter hervor lugt es ins Tal, über weiße Wälder und Wiesen zu den Bergen, deren Eisspitzen die Abendsonne orange färbt.

Man könnte sich einbilden, man genieße den Blick aus einem Schweizer Skihotel. Doch ist dies ein norwegisches Studentenheim. Knapp dreihundert Euro im Monat kosten Zimmer und Aussicht. Den Hang hinunter liegt die Hochschule von Telemark, am Rande des Dorfes Bø, gerahmt von zwei Skisprungschanzen, einer Eishockeybahn und zwei Bauernhöfen. Nur fünftausend Einwohner zählt der kleine Ort, dazu reisen jeden Herbst tausendfünfhundert Studenten an. Sie kommen aus dem ganzen Land, um Informatik, Englisch oder Sport zu studieren, Betriebswirtschaft oder Umweltschutz. Schon mehrmals haben sie ihrem Dorf so gute Noten erteilt, dass es zum besten Studienort des Landes ausgerufen wurde. Dabei besteht es eigentlich nur aus einer einzigen Straße, Bøgata, »die Bøstraße«, genannt.

Mona Vetrhus passt nicht auf diese Straße. Pechschwarz gefärbte Haare fallen ihr über die Siebziger-Jahre-Lederjacke, auf dem Kopf sitzt eine Strickmütze, so rot wie eine Erdbeere. Sie sieht nach Berlin aus, nach London oder New York. Mona lächelt breit: »Normalerweise wäre ich hier wohl nicht hergezogen.« In den Niederlanden hatte sie studiert und in Frankreich gelebt, bevor sie nach Bø kam. Hier belegt sie das Studienfach »Schriftstellerei«.

Ein Jahr lang werden Mona und ihre vierzehn Klassenkameraden im Dichten unterwiesen, sie schreiben Romanauszüge, Theater- und Drehbuchszenen. Mona mag vor allem Gedichte. Neunzig Seiten hat sie schon mit ihnen gefüllt. Dabei, sagt sie, sei das wirklich das Blödeste, was man machen könne. »Von Gedichten kannst du in Norwegen niemals leben. Und dann schreibe ich auch noch *nynorsk!*« Sie schüttelt den Kopf über sich selbst. Die Verzweiflung ist nur halb gespielt: »Was tue ich nur?«

Nynorsk, Neunorwegisch, ist eine junge Sprache. Es gibt sie erst seit 1853. Der Bauernsohn Ivar Aasen aus Ørsta hat sie erfunden oder vielmehr aus verschiedenen Dialekten zusammengesetzt. Er reiste dafür durch die abgelegensten Täler und fernsten Fjorde und lauschte den Bauern. Mit seiner neuen Schriftsprache wollte der Nationalromantiker den Norwegern ihre Identität wiedergeben. Denn damals schrieben sie reines Dänisch, ein Erbe der Fremdherren, die sie nach über vierhundert Jahren endlich losgeworden waren.

Bis heute unterscheidet sich die »Buchsprache« *bokmål* nur wenig vom Schriftdänischen. (Mündlich verstehen die Norweger die Dänen aber schlecht, die Schweden hingegen mühelos. Beim Lesen ist es umgekehrt.) Neunorwegisch geht an die Wurzeln der Mundarten, ist farbiger und hat mehr Wörter; doch ist es eine Sprache der Minderheit geblieben. Nur etwa zwölf Prozent schreiben es freiwillig, auch wenn alle Kinder es in der Schule lernen müssen – seit über hundert Jahren ist es zweite Landessprache. In Oslo, Bergen, Stavanger und Trondheim jedoch – den vier einzigen norwegischen Städten mit mehr als hunderttausend Einwohnern – wird es als bäurisch und altmodisch belächelt.

Mona aber ist kein Stadtmädchen, auch wenn sie so aussieht. »Ich komme von einem Hof in Hordaland«, sagt sie, »eigentlich bin ich als Älteste sogar die Hoferbin. Aber inzwischen haben meine Eltern wohl eingesehen, dass ich nie übernehmen werde.«

Das Neunorwegisch aber ist der Grund dafür, dass es im kleinen Dorf Bø überhaupt eine Hochschule gibt. »Da wurde damals sehr drum gestritten«, sagt Birger Risnes. Er kam 1974 an die Hochschule, vier Jahre nach der Gründung. Nun ist er eigentlich pensioniert, aber geht trotzdem noch ins Büro. »Ich lege das Archiv über unsere

Geschichte an«, sagt er stolz. »Weißt du, es begann alles so idealistisch!«

In den siebziger Jahren konnten die städtischen Universitäten den Bedarf an ausgebildeten Akademikern nicht mehr decken – es entstand die revolutionäre Idee, Hochschulen über das ganze Land zu verteilen.

»Damals war es doch undenkbar, dass man außerhalb einer Stadt studieren können sollte – womöglich noch Betriebswirtschaft!« Doch die ländlichen Hochschulen wurden durchgesetzt, und es entstand eine landesweite Bewegung dafür, eine davon in die neunorwegische Hochburg Bø zu legen. »Die Studenten haben die Abgeordneten bis aufs Klo verfolgt, um sie zu überreden«, sagt Birger Risnes. Hinter seiner dicken Brille lachen die kleinen Augen. »Was haben wir Lehrer dann am Anfang für Überstunden gemacht, ohne Bezahlung, einfach, weil alle so begeistert waren!« Viel sei nicht mehr übrig von dieser Kampflust, sagt er enttäuscht. Das Neunorwegische sei der Hochschule inzwischen recht egal. »Die Lehrer haben gar keine Beziehung zur Lokalbevölkerung mehr, die leben in ihrer eigenen Welt.«

Licht flutet die Kantine durch eine zweistöckige Fensterwand, man schaut über verschneite Äcker, auf denen ein paar Studenten Ski laufen. Kein Millionär könnte schöner ausblicken. 1994 bekam die Hochschule von Bø ihr neues Gebäude, das aufs Modernste ausgestattet und mit der Welt vernetzt ist. Im gesamten Kantinenbereich, so steht an der Tür, könne man sich mit seinem Laptop kabellos ins Internet einwählen. Man kann aber auch das Terminal benutzen, das neben der Geschirrrückgabe steht. Überall in der Hochschule können die Studenten an solchen Computern umsonst surfen. Auch in den Studentenheimen hat jeder selbstverständlich eine Standleitung im Zimmer. Die Bibliothek beschafft den Studenten innerhalb weniger Tage Bücher aus dem ganzen Land. Und der schuleigene Kindergarten hütet derweil ihre Kinder. (Eine Untersuchung ergab 1998, dass siebzehn Prozent der norwegischen Studenten ein Kind zu versorgen haben.)

Kurz: Ein Studienplatz ist in Norwegen ein Luxus, der nichts kostet und Anspruch auf die großzügigen Stipendien und Studienkredite des Staates gibt. »Das allein ist für uns ja schon sehr wichtig – überhaupt Geld zu kriegen, um uns ein Jahr lang aufs Schreiben konzentrieren zu können«, sagt Mona.

Mit ihrer Freundin Lina sitzt sie in der Kantine. Lina ist schrecklich nervös, sie muss gleich in die Sprechstunde der Professorin, die ihre Texte kommentieren wird. »Es ist doch komisch, ein Schriftstellerstudium aufs Land zu legen«, sagt sie aufgedreht, »aber wenigstens lenkt uns hier nichts vom Schreiben ab.«

Unterrichtet werden sie von Norwegens besten Literaten, die jeweils einige Wochen in Bø verbringen. »Für die ist das eine willkommene Einnahme. Es gibt ja nicht viele, die vom Schreiben leben können.« Gäbe es die Abnahmegarantie des Staates nicht, würden weder die Verlage noch die meisten Autoren überleben können. »Viele meinen ja, dass bei uns zu viele Bücher erscheinen, die es gar nicht wert sind. Aber wir sind eben ein Volk von Lesern«, sagt Lina.

Zurzeit unterrichten die Autoren Stig Seterbakken und Rune Christiansen die Schriftstellerklasse. Sie sprechen über die französische Postmoderne. Georges Perec, J. M. G. Le Clézio: unbekannte Autoren dekonstruktivistischer Werke, zu denen der Hintergrund so gar nicht passt: die sauberen Berge hinter den Rücken der fünfzehn Schüler. Doch was nicht zu passen scheint, hat Tradition. Bereits seit 1982 werden in Bø Autoren ausgebildet. Eldrid Lunden war von Anfang an dabei und ist bis heute die einzige feste Angestellte des Fachbereichs: »Wir waren die erste Schreibschule im ganzen Norden!«, sagt die preisgekrönte Lyrikerin.

Einmal war sie an die Hamburger Universität eingeladen. »Ich kam mir vor wie in einem riesigen Kindergarten mit Kritzeleien an den Wänden.« Sie breitet theatralisch die Arme aus: »Hier habe ich so viel Luft, so viel Platz, das ist doch ein Luxus!« An der Hochschule von Bø käme keiner auf die Idee, Graffiti zu sprühen. »Jeder kennt hier doch jeden«, sagt Mona, »wir wissen, wer welches Fach studiert und wo er oder sie wohnt.« Die Studenten treffen ihre Professoren im Schwimmbad, im Kino, in der Sauna oder auch auf der Abfahrtspiste des nahen Skigebiets Lifjell. Es gibt nicht viele Ausweichmöglichkeiten. Da muss man schon ein wenig zusammenhalten und sich benehmen.

Lina hat an diesem Abend eine Lesung im Stammlokal der Studenten organisiert, »Gode nabo«, guter Nachbar, heißt es. »Das ist unser Dreieck: Hochschule, Studentenheim, Gode nabo«, sagt sie, »ein ganz schön enges Bewegungsfeld.« Heute Abend sollen die zwei Gastdozenten aus ihren Werken lesen – die ganze Hochschule, das ganze Dorf ist eingeladen. Lina steht da mit ihrer Kasse und ihren Eintrittskarten – doch es kommt niemand außer ihren eigenen Klassenkameraden. »Das ist aber peinlich, euch jetzt für dreißig Kronen etwas vorzulesen, nachdem ihr uns schon drei Wochen zuhören musstet«, sagt der Autor Seterbakken. Die Studenten aber heben ihre Biere und lauschen hingebungsvoll. Und danach liest Lina, die in der Sprechstunde der Professorin dann doch viel Lob bekommen hat, ihren neuesten Kurztext vor. »Wir müssen uns unsere Unterhaltung eben selber machen«, sagt sie.

Fährt man von Bø anderthalb Stunden mit dem Bus ins Innere der Telemark, kommt man ins Gebirge. Dort beginnt der Nationalpark Hardanger Vidda, in dem es keine Straßen gibt und nur wilde Rentierherden wohnen. Der letzte Ort vor der Vidda aber, auf etwa achthundert Höhenmetern gelegen, ist Rauland. Es würde passen, das mit »raues Land« zu übersetzen, aber tatsächlich heißt es »rotes Land«, weil die Erde vom vielen Eisen orange ist. Ist Bø nur eine Straße, so ist Rauland noch weniger: Es ist ganz genau eine Tankstelle, ein Café, ein Supermarkt, ein Andenkenladen und eine Schule. Es ist somit ein Ort, den sogar Norweger klein nennen.

Doch wie Bø hat dieses Nest einen Ableger der Hochschule von Telemark. Es ist die Abteilung für Volkstradition, die sich im Herzen der Telemark verkrochen hat, hier, wo die Volkstradition wirklich noch lebt. Wo jeder Bauer auch ein Spielmann ist, wo zum Tanz noch gefiedelt wird und ein *kappleik*, das traditionelle Wettspielen der Spielmänner, die Menschen aus der ganzen Gegend anzieht.

»Viele wollten uns schon hier weghaben«, sagt Nils Nergård. »Sie meinten, wir seien unwirtschaftlich.« Er ist Lehrer im Fachgebiet Traditionskunst, Abteilung Holzarbeit. Gerade steht er an der Hobelbank, auf der ein hübscher Birkenholzkasten steht. In den Heimatmuseen von Norwegen werden genau solche ausgestellt – mit den klassischen Rosenmalereien verziert. Dieser aber ist neu, Nils Nergård hat ihn selbst gemacht. An den anderen Hobelbänken stehen seine Studenten. »Wir sind sehr international«, sagt er, »wir haben immer ausländische Studenten.«

Die fünfundzwanzigjährige Maj aus Dänemark schmirgelt ein Kuhhorn, dessen Spitze sie abgesägt hat. »Das wird eine Klarinette«, sagt sie. »Die will ich selber spielen.« Sie trägt den Pony tief in die Augen und ein Piercing im Gesicht. Sieht so eine Volksmusikantin aus? Ja. Das zweijährige Musikstudium hat sie bereits abgeschlossen. Doch weil sie sich nicht von Rauland trennen konnte, hängt sie jetzt noch die Volkskunst dran. Sie holt einen Pappkarton hervor: Er ist voller Kuhhörner. »Hat mein Papa von zu Hause geschickt. Er ist Bauer.« Maj zeigt ein Signalhorn vor, das ihr Vater vor Jahrzehnten selbst gefertigt hat. »Unsere dänische Volksmusik benutzt genau dieselben Instrumente wie die norwegische.« Rauland ist ein Zentrum geworden für Jugendliche, die sich zu ihren Wurzeln graben wollen.

Im Schneideratelier sitzen drei Studentinnen still in einer Sofaecke. Die eine stickt ein Blumenmuster in den Kragen einer Trachtenbluse, die zweite näht Knöpfe an Gamaschen, die dritte strickt einen wollenen Unterrock nach einer Vorlage aus dem 19. Jahrhundert. »So studieren wir hier. Gemütlich, nicht?«, fragt Åse-Marit und nimmt einen Schluck Tee.

Fast jede Norwegerin hat eine Tracht, deren Schnitt und Muster über die Herkunft ihrer Familie Auskunft gibt und von Mutter zu Tochter vererbt wird. So bekommen viele in Oslo geborene Mädchen zu ihrer Konfirmation eine Tracht aus Sogn, Møre oder Nordland, weil ihre Großmütter einst von dort in die große Stadt kamen.

Früher nähten alle Mädchen ihre Trachten selbst. Heute machen das Näherinnen. Åse-Marit aber liebt seit jeher die Handarbeit, auch wenn sie damit eine Außenseiterin ist. »Es war toll, hier anzufangen! Plötzlich musste man sich nicht mehr seltsam fühlen, weil hier ja alle so schräge Sachen mögen«, sagt sie.

In der Metallwerkstatt löten und formen acht Studenten haardünne Silberdrähte zu blumigen Trachtenknöpfen. »Es geht viel um die Romantik, das 19. Jahrhundert, aus dem unsere Volkstrachten ja stammen. Mich interessiert das Mittelalter aber viel mehr«, sagt Reidunn, 27. Sie zersägt gerade einen Seifenstein, den sie zu einer Gussform ausschaben will. Um ihren Hals hängt das mittelalterliche Silberkreuz, das sie kopieren möchte. »Ich habe es in einem schwedischen Museum gefunden. Weißt du, es gibt so wenig schriftliches Material, wir müssen überall herumreisen und Feldforschung betreiben.«

Die Theorie wird in Rauland sehr ernst genommen, schließlich ist man eine Hochschule. Seit Neuestem kann man sogar den Magister in Volkstradition machen. »Wir lernen zum Beispiel, was ein *stabbur* ist,« sagt Reidunn. Das glaubt zwar jeder Norweger zu wissen: Es handelt sich um jene zweistöckigen Blockhütten, die den Höfen früher gleichzeitig als Speisekammer und Fremdenzimmer dienten. Man erkennt sie leicht an ihren nach innen geschwungenen Wänden, die den Mäusen und Ratten das Hochkrabbeln unmöglich machen. Doch so einfach ist die Sache mit dem *stabbur* nicht: »Manche sind einstöckig, manche zweistöckig, manche haben Außentreppen, manche Innentreppen, und jeder von denen hat einen eigenen Namen.« Die Mädchen müssen lachen: Ein wenig absurd finden sie ihren Theorieunterricht schon. »Die Regel lautet: Musst du am Schinken vorbei, um zum Pfarrer im Gästezimmer zu kommen, dann ist es ein stabbur«, sagt Reidunn.

Da es in Rauland kein Studentenheim gibt, haben sich viele der neunzig Studenten tatsächlich auf den umliegenden Höfen im *stabbur* eingemietet. Oder in einer Hütte im Wald. Oder in der ausgebauten Scheune unweit der Schule. »Die ist eigentlich am besten«, sagt Åse-Marit, »viele müssen nämlich richtig weit Ski laufen.« Durchs Fenster sieht man gerade eine Studentin auf Skiern herannahen. Vor der Tür zur Hochschule schnallt sie Bretter ab und stellt sie gegen die Wand. Hinter ihr steht das *tun*, ein nachgebauter historischer Bauernhof, der zur Hochschule gehört. Åse-Marit sagt: »Wenn wir eine Party machen wollen, dann gehen wir in die Scheune. Da drinnen spielen unsere Volksmusikanten auf ihren Fiedeln und wir tanzen im Kreis. Das ist unsere Disco.« Sie lacht: »Es ist schon absonderlich. Die neuen Studenten haut das beim ersten Mal um.«

Der Höhepunkt des Jahres aber ist das *vinterkappleik*, bei dem die studentischen Spielmänner und -frauen zum winterlichen Wettbewerb antreten. Dann kommen die Leute aus der ganzen Gegend. Sogar von den Höfen, die schon in der

Hardanger Vidda liegen und zu denen keine Straße führt. Im Winter hat man ja den Schneescooter, da ist man beweglich. Ein paar Stunden durch die Berge und über den zugefrorenen See und schon ist man in Rauland: Mal hören, ob die jungen Leute aus der Stadt was Anständiges auf der Fiedel zustande bringen.

Helden am Polarmeer

Überleben am Rande Europas

Sie singen, von Schnee umtost, nass von der Gischt, singen mit frostigen Lippen. Über Jungen, die das Meer verschluckt, und über Mädchen, die im Akkord Filets schneiden. Sie singen, bis dem Ältesten ein Eiszapfen von der Nase hängt, gefrorener Beweis dafür, dass Leben am Eismeer nicht möglich ist – und dass es ihnen dennoch gelingt. Jahr für Jahr haben die Männer dem Meer den Dorsch entrissen, haben die verwitterten Häuserwände neu gestrichen. Bis die Gicht sie packte, ihre Bandscheiben einrissen und die Fischereikrise ihnen das Auskommen nahm. Nun lebt der halbe Chor von Stütze und trinkt zu viel. Doch sie halten die Pelzmützen hoch und singen gegen den Sturm an.

Der Dokumentarfilm über den Fischerchor, der vom Leben dieser Männer erzählt, ließ ganz Norwegen aufschluchzen. Ausgerechnet an diesem letzten Landzipfel, an dieser zerrissenen Felsenküste ganz im Norden, in diesem winzigen Berlevåg, an dessen Ortsschild eine Herde Rentiere lungert, ausgerechnet hier fand das moderne Norwegen seine Volksseele wieder: tapfer und zäh, großherzig und lebensfroh. Der Film wurde ein Kassenschlager, der Chor schmetterte sich mit einem Seemannslied auf Platz eins der norwegischen Hitparade. Die Männer gingen auf Amerikatournee. Sechzigtausend Rockfans applaudierten ihnen im dänischen Roskilde. Sie wurden Stars.

»Wir hatten so einen Aufstand nicht geplant«, sagt Reidar Strand, 89. Vergnügt kullert sein Lachen über den Küchentisch: Ernst nehmen kann er den späten Ruhm nicht. Er hat Kaffee gekocht, einen Teller mit Kuchen aufs Wachstuch gesetzt. »Kaffee muss sein, jaja«, sagt er und legt den Kopf schief wie ein alter Uhu. Seit achtundsechzig Jahren ist er Sänger: »Es ist selten, dass so alte Leute noch im Chor mitsingen dürfen, ja.« Sein Bruder Einar, der im Film den Eiszapfen an der Nase trägt, ist sogar schon siebenundneunzig. »Uns Strand-Jungs muss man erschießen, von allein sterben wir nicht!«, sagt Reidar und gluckst. Dann ruft er bei seinem Bruder an: »Einar, halt dich wach, wir kommen!«

Hundert Meter trennen Reidars gelbes Holzhaus von Einars blauem. Einar macht die Tür auf, seine Nasenspitze ist lila; könnte die Schuld des Eiszapfens sein. Oder daran liegen, dass Einar Kette geraucht hat, bis er achtzig wurde, sogar im Bett. »Wenn einer von uns Strands mit sechzig stirbt, nennt man das plötzlichen Kindstod!«, sagt Einar und lacht, dass seine Lungen pfeifen. Beim Singen kriegt er kaum noch einen reinen Ton heraus, aber das Publikum liebt ihn: »Die schönsten Frauen wollen sich mit mir fotografieren lassen!

Wozu soll ich mir da die Tränensäcke entfernen lassen?« Sogar bei König Harald war Einar schon zu Gast. Der hat ihm einen Orden verliehen: »Das war nicht anders, als würde ich mit irgendeinem Fischer sprechen.«

Aus seinem Wohnzimmer sieht Einar in jeder Sommernacht um elf, wie sich die beiden Linienschiffe der Hurtigrute vor der Mitternachtssonne begegnen. »Unser Leben hat sich nicht verändert«, sagt er. Mittags isst man Kabeljau-Zungen in der »Fischerwohlfahrt«. Kurz vor eins landet die Propellermaschine, die Tageszeitungen aus Oslo bringt; um 16 Uhr macht die Tankstelle zu. Einar bekommt Besuch von Reidar, sie reden über die Zeit, als die Deutschen den Ort niederbrannten, Reidar ins Lager brachten und Bunker in den Berg hinter der Kirche sprengten. Jeden Montag aber, da trifft man sich im Missionshaus zum Singen. »Einar holt mich immer zur Chorprobe ab, Eijaja«, sagt Reidar. Alle wissen genau, wann Einar Strand mit seinem roten Nissan durchs Dorf fährt. Dann springen sie aus dem Weg, denn Einar hat den Tunnelblick.

Reidar sagt: »Beim Fußball haben wir immer verloren, aber seit damals haben wir den besten Chor der Gegend.« Ein reisender Telegrafenmeister brachte die Musik 1917 ins Dorf, er lehrte einen begabten Fischer, drei Instrumente zu spielen. Der gründete daraufhin eine Gesangsgruppe. Sein jüngster Sohn, Viggo Johnsen, dirigierte die Sänger über dreißig Jahre lang. »Früher war der

Gesang fast eine Religion«, erzählt der feine alte Herr. Eigentlich war er der Steuerbeamte des Orts, doch lieber winkte er Freunde von der Straße ins Rathaus, um ein bisschen zu musizieren: »Nach dem Krieg hatten wir großartige Sänger. Jetzt sind sie Rentner, und das hört man leider.«

Den Fans ist egal, dass nicht jeder Ton sitzt und nicht mehr jede Stimme trägt. Täglich treffen in der Schule von Berlevåg Bestellungen ein. Die CDs, Baseball-Caps und signierten Bücher werden aus einem Klassenschrank der Volksschule vertrieben. »Ich hätte mir nie träumen lassen, dass jemand das hören will«, sagt der vierzehnjährige Henning. Doch nun tüten die Kinder die Devotionalien für die Fans ihrer Großväter ein. Vom Erlös wollen sie eine Klassenfahrt machen – der letzte gemeinsame Ausflug, bevor sie ihren Heimatort verlassen müssen. Ein Gymnasium gibt es hier nicht. Die nächste Universität liegt rund vierzehn Autostunden entfernt, in Tromsø. Kaum jemand kehrt zurück.

Das letzte neue Haus wurde in Berlevåg Ende der achtziger Jahre gebaut. Seit 1972 nimmt die Einwohnerzahl stetig ab, im Jahr 2010 sank sie auf tausendvierundvierzig. Der Rest der Finnmark entvölkert sich genauso. Knapp 73.000 Menschen sind noch in Norwegens nördlichstem Landesteil gemeldet. Würde man eine deutsche Kleinstadt wie Delmenhorst über ganz Niedersachsen verteilen, wäre das Bundesland ähnlich dünn besiedelt.

*

Wenn sich in Karasjok viermal im Jahr das samische Parlament versammelt, scheint es, als kämen die Abgeordneten direkt von ihren Rentierherden auf dem Hochmoor: Trachten mit bunten Borten leuchten von den Plenarbänken. Tatsächlich aber sind die Repräsentanten aus dem ganzen Land angeflogen; als größte samische Gemeinde gilt inzwischen Oslo. Und die traditionelle Tracht tragen die Samen im Alltag nicht mehr – weder in der Hauptstadt noch in ihrem Urgebiet. Äußerlich sind sie von den Norwegern kaum zu unterscheiden.

»Es wäre besser, unsere Haut wäre grün. Dann könnte sich niemand verstecken«, sagt ein Fernsehjournalist. Seine Kollegin Heidi Anti, 32, lacht laut: »Blau wäre mir lieber.« Tatsächlich vertuschen viele Samen seit Generationen ihre Herkunft. Die alten Leute wurden als Kinder zu Norwegern umerzogen, sie haben den alten König Håkon und Jesus Christus an der Wand hängen. Einige glauben noch immer, dass *joiking*, der Jodelgesang der Samen, Sünde sei. Bis in die sechziger Jahre hinein hat man ihnen ihre Sprache verboten. Heute dürfen sie zwar wieder Samisch sprechen, doch es wird keine Computersoftware mit samischen Schriftzeichen hergestellt. Also müssen die rund sechsunddreißigtausend norwegischen Samen auch in Zukunft norwegisch schreiben.

Früher wurden die Samen von den Norwegern »Lappen« genannt, was Lumpen bedeutet. Heute versucht ein Ableger des norwegischen Fernsehsenders *NRK*, mit samischen Nachrichten das Nationalgefühl der Minderheit zu stärken – fünfzehn Minuten pro Wochentag. Heidi Anti archiviert gerade die jüngsten Sendungen: zwei Schneescooter-Unglücke; Samen in Kautokeino haben den niedrigsten Lohndurchschnitt von ganz Norwegen; Same gewinnt jährliche Schneescooter-Rallye; zwei Brüder werden angeblich von einem kleinen Troll mit Haaren aus Moos heimgesucht. Und: »Samen in Kautokeino müssen zum Sozialamt, um sich ihre Festtracht leisten zu können.«

Heidi reißt ihre Rehaugen auf und rechnet vor: zehntausend Kronen allein für das Kleid, dazu Goldgürtel, Ohrgehänge, Silberschmuck – das kostet noch einmal so viel. Und dann noch Fellschuhe, Mütze und das Tuch mit von Hand geknüpften Fransen – oh je! »Zur Konfirmation braucht man gleich zwei unterschiedliche Trachten.« Sie holt tief Luft. »Alles sehr teuer, aber ohne geht es einfach nicht.« Es scheint, als nähten die Samen ihren ganzen verbliebenen Nationalstolz in die Trachten hinein.

Als junges Mädchen ist Heidi drei Jahre lang bei ihrer Großmutter in die Fellschuhmacher-Lehre gegangen. In ihrer Garage hängen unzählige Rentierfelle von den Deckenbalken, damit sie jederzeit das passende Stück zur Hand hat. »Meine Oma sieht mit einem Blick, welches Schulterfell eine gute Sohle für dich wäre. Ich muss nachmessen.« Sonst aber weiß sie Bescheid: Für Festtagsschuhe eignet sich Sommerfell, das dünn ist und glänzt. Im Frühjahr nimmt sie Robbenfell, weil es Wasser abweist. Für den Winter aber braucht es das dicke Fell von vor Weihnachten geschlachteten Rentieren, in das sie getrocknetes Moorgras stopft. »Wenn du bei vierzig Grad minus auf der Hochebene bist, helfen dir gekaufte Schuhe gar nichts. Die werden steinhart.«

Ihr Mann braucht die Fellschuhe dringend, er besitzt und hütet eine große Rentierherde. Die beiden leben mit ihren drei Kindern in einem Holzhaus in Karasjok, der Hauptstadt der Samen, die kaum mehr ist als zwei Straßenkreuzungen im Wald. Heidi bietet ihre feinsten Spezialitäten an: selbst geräucherte Rentierrippchen und Moltebeeren, die sie auf dem Hochmoor gesammelt hat. Im Regal stehen Schneescooter-Pokale, Heidis Mann war 1992 sogar norwegischer Meister. Wohlig streckt sie sich, schleckt sich die letzte Sahne von den Lippen und sagt: »Ich ziehe niemals hier weg. Was braucht man mehr zum Leben als Moltebeeren und solch einen Kerl?«

Nun – billigen Alkohol. Aber auch dafür ist gesorgt, man muss nur schnell rüber nach Finnland. Der Karaoke-Pub »Ravintola Kalastajan Majatalo« liegt zwanzig Minuten von Karasjok entfernt, direkt hinter der Grenze, noch vor dem Zoll links. Keinen Meter zu weit sollen die Durstigen fahren müssen.

*

Zweimal im Jahr fallen vierhundert Soldaten in der Kleinstadt Kirkenes ein und saufen wie besessen. Es ist der erste freie Abend für die Rekruten von Sør Varanger, einem Armeestützpunkt nahe der russischen Grenze. »Wir mussten ja schon um elf zurück sein, aber wir haben es verdammt noch mal geschafft, uns voll laufen zu lassen«, erinnert sich ein Gefreiter, der inzwischen in einem Außenposten direkt an der Grenze sitzt. Im Winter wird die Zufahrtsstraße nicht geräumt, dann sind die Soldaten hier monatelang eingesperrt. Alkohol gibt es keinen. Auch keine Frauen – außer Leutnant Vivian Halmøy, die den jungen Soldaten vorgesetzt ist und sagt: »Am Ende des Winters sind wir die immer gleichen Fressen ziemlich leid.«

Wer hier draußen stationiert ist, der hat ein halbes Jahr härtesten Drill in der Kaserne ausgehalten, ist mit schwerem Gepäck hundertvierzig Kilometer Ski gelaufen, hat bei minus vierzig Grad im selbst gebauten Unterschlupf biwakiert und ist somit aus anderem Holz geschnitzt als die mehr als hundert Versager, die meist gleich nach der ersten Woche als unbrauchbar nach Süden versetzt werden. Die Truppe an der knapp zweihundert Kilometer langen Grenze zu Russland ist die Elite des norwegischen Militärs. Aber nicht nur deshalb schätzen sich die Soldaten glücklich.

Das tun sie, weil sie durch ihre Ferngläser die

notdürftig geflickten Dächer sehen, unter denen die russischen Grenzsoldaten leben. In der Zeitung haben sie gelesen, die Russen bekämen nicht einmal genug zu essen. »Dagegen haben wir es wirklich gut«, sagt der Gefreite Halstvedt, 20. Er und seine Kameraden haben einen Keller voller Fitnessgeräte, sie haben einen Billardtisch und eine Tischtennisplatte, Fernseher, Videorecorder und Playstation. Abwechselnd backen die Gefreiten Waffeln, für die Gemütlichkeit. Und am Samstagabend belegt Leutnant Vivian eigenhändig drei Bleche Pizza. Bei so viel Komfort gönnen die Norweger es den Russen fast, dass die beim Fußball immer gewinnen. Auch wenn sie, das muss dann doch einmal deutlich gesagt werden, beim Freundschaftsspiel Jahr für Jahr Profispieler von Dynamo Moskau einschleusen.

Der Grenzfluss Jakobselv läuft friedlich der Barentssee zu, ein weißer Sandstrand streckt sich um die ganze Bucht. Die Berge der Kola-Halbinsel verlieren sich am Horizont in sanftem Licht. Die Gefreiten Olsen und Halstvedt patrouillieren mit Maschinenpistolen, doch weit und breit will niemand illegal die Grenze übertreten. Es sind nicht mal Russen da, die im Fluss fischen. »Die holen riesige Wildlachse raus. Mit Netzen, obwohl das verboten ist, das haben wir genau gesehen«, sagt der Gefreite Halstvedt.

Sie klettern wieder den Berg hoch zum Wachturm 247, gut zwanzig Minuten steiler Aufstieg, bis die Muskeln brennen. Eine ganze Woche lang leben vier Soldaten allein hier oben, ganz ohne Vorgesetzte. »Wir haben hier draußen mehr Freiheit als irgendwo sonst beim Militär«, sagt der Gefreite Olsen.

In dem kleinen Ort Grense Jakobselv, auf dessen sechs Holzhäuser sie vom Wachturm herunterschauen, wohnt niemand mehr. Außer Juri. Seit über zwanzig Jahren hält der Fünfundachtzigjährige es nun schon allein in dem allerletzten Haus vor dem Polarmeer aus. Als seine Frau starb, da gab es noch einen Linienbus nach Jakobselv, es gab im Dorf eine Post, es gab Kühe und Ziegen und sogar drei Nachbarn. Jetzt belebt sich der Ort nur an Sommersonntagen, wenn in der Kapelle angereiste Pärchen heiraten. Auf dem Friedhof unter der Felswand liegen Juris Frau und seine Eltern begraben. Ihre Grabsteine schmückt das orthodoxe Kreuz; sie waren Russen, vor der Revolution nach Norwegen geflohen.

Juris fünf Kinder sind als Norweger aufgewachsen und längst aus dem Grenzgebiet abgewandert. Juri hat die Soldaten zu seinen Ersatzsöhnen gemacht. Aus seinem Küchenfenster sieht er zu, wie »die Jungs« im Eismeer baden. Das tun sie jeden Samstag, das ganze Jahr über, obwohl das Wasser sogar im Sommer wie mit tausend Nadeln sticht. »Wenn die Jungs nicht da wären, müsste ich wegziehen«, sagt Juri. Sie sind es, die ihm den ganzen Winter über seine Post und Frischproviant bringen, eingeflogen mit dem Militärhubschrauber. Viel braucht er nicht, denn er sorgt vor. Fünfzig Kilo Kartoffeln kauft Juri im Herbst auf Vorrat und genug Mehl, um sich jeden Tag Brot zu backen. Hauptsächlich aber lebt er vom Lachs, den er im Sommer aus dem Fluss holt.

Er bricht auf, hat seine feinste Strickjacke angezogen. Fünfunddreißig ehemalige Schüler der Dorfschule wollen heute ein Wiedersehen feiern. 1965 wurde die Schule geschlossen, damals, als die Straße fertig gestellt war. Danach leerte sich das Dorf. »Es ist uns gegangen wie allen anderen«, sagt Juri. »Sobald ein Weg gebaut wird, ziehen die Leute weg.«

*

In vielen Buchten der Eismeerküste liegen Geisterdörfer. In Hamningberg etwa lebten während der Fischereisaison einst sechstausend Menschen. Doch in den sechziger Jahren gab der Staat ihnen Geld, damit sie in die nahe gelegene Stadt Vardø übersiedelten. »Ich erinnere mich genau daran, wie sie hier mit Sack und Pack ankamen«, erzählt der Bürgermeister Rolf Mortensen. Damals ahnte er nicht, dass es auch Vardø erwischen würde. Die stolze Festungsanlage auf der Insel in der Barentssee, 1789 vom dänischen König zur Stadt erklärt, Ausgangspunkt für Fridtjof Nansens Polarexpedition, jahrhundertelang Mittelpunkt des Handels mit Russland – auch sie gilt dem norwegischen Staat inzwischen als Klotz am Bein. Nacheinander wurden die Post, die Telefongesellschaft, die Luftwaffe und die Zweigstelle der Zentralbank abgezogen, das Krankenhaus geschlossen.

Als die Regierung 2001 ankündigte, sie wolle auch den Flughafen und die Seenotfunkstation dichtmachen, setzten sich die Einwohner von Vardø zur Wehr. »Da wären Menschenleben in Gefahr gewesen«, sagt der Bürgermeister. Fünf Stunden braucht man mit dem Auto in die Klinik von Kirkenes – wenn die Straße nicht wieder mal wegen Glatteis oder Sturm gesperrt ist. Schlechte Bedingungen bei einem Herzinfarkt.

Geschlossen trat der Stadtrat zurück und übergab aus Protest seine Geschäfte der Regierung in Oslo. Schon reisten Fernsehteams aus der Hauptstadt an. Erschrocken schickte der Regierungschef einen Staatssekretär hinterher. Dessen Auftritt wird in Vardø niemals vergessen werden: Der Politiker aus dem Süden hielt die Seenotfunkstation mit Namen »Vardø Radio« für einen lokalen Musiksender.

Am Ende wurde trotzdem alles gut: Flughafen und Seefunkstation durften bleiben, und zusätzlich verschaffte die Regierung den Rebellen von Vardø dreißig neue Arbeitsplätze. Die Abteilung »Lohngarantie« der nationalen Arbeitsaufsichtsbehörde wurde in das kleine Küstendorf verlegt, auch die Wiedergutmachungsanträge von Gewaltopfern werden künftig in der Arktis bearbeitet.

Als absurd empfinden die Norweger solche

Subventionen nur, wenn sie gerade andere begünstigen. So kann der Bürgermeister von Vardø nicht begreifen, dass das Nahrungsmittelaufsichtsamt zu den Samen nach Kautokeino verlegt wurde. »Ausgerechnet auf die Hochebene im Binnenland – dabei geht es bei dieser Behörde doch hauptsächlich um Fisch!«

Mit der Fischerei ist es in Vardø allerdings auch nicht mehr so weit her: »Die Hafenwand ist so brüchig, dass du dir das Boot daran kaputt machst«, klagt der Fischer Tony Sundkvist, 35. Er rollt ein bisschen Schnupftabak zu einer Kugel und schiebt sie sich – nach norwegischem Brauch – unter die Oberlippe, sodass er aussieht wie ein Hase. Die wahre Katastrophe aber sei, sagt er dann, dass die großen Trawler aus dem Süden das Eismeer leer fischen dürften, das früher den kleinen örtlichen Kuttern allein gehörte. Die Trawler haben riesige Gefrierräume und bringen den Fisch direkt nach Südnorwegen. Die Küstenorte des Nordens, einst gegründet, um den Fisch an Land zu nehmen, werden nicht mehr gebraucht. Und vielen Menschen im Süden erscheint es inzwischen schlichtweg unwirtschaftlich, die Gemeinden im Norden am Leben zu halten. Wer, so fragen sie, hänge schon an so dunkler, unwirtlicher Heimat?

Im Hof der uralten Festung von Vardø, deren Eisenkanonen aufs Festland gerichtet sind, steht eine mickrige Eberesche; ein dünner Stamm, wenige Äste. Einem Menschen aus dem Süden fällt sie gar nicht auf. Doch sollte er genauer hinsehen. Die kleine Eberesche ist der einzige Baum der windgepeitschten Insel. Seit den sechziger Jahren wurde sie jeden Herbst vom Festungskommandanten feierlich in Sackleinen eingewickelt und in Holz verpackt, auf dass sie nicht erfriere. Und der kleine Baum überlebte; zäh lebte er jahrzehntelang, wo Bäume nicht leben können. Im Sommer 2002 aber sprossen keine Blätter. Der kleine Baum war tot. Abgeholzt haben sie ihn nicht.

Postskriptum

Der Chorsänger Einar Strand ist inzwischen verstorben. Es war eine Freude und Ehre, ihn kurz vor seinem Tod noch so quicklebendig kennenzulernen.

In der Festung von Vardø aber ist ein neuer Baum gepflanzt worden. Möge er gedeihen!

Nachsatz

Ein Teil der Texte ist zwischen 1998 und 2004 in *Die Zeit* (»Elche«), *Brand Eins* (»Die Möbelmaschine«), *Brigitte* (»Todeskönigin«, »Deutschenkind«, »Bei Königs«), *Frankfurter Allgemeine Sonntagszeitung* (»Walheimat«), *Dummy* (»Rote Trolle«) und *Geo Special* (»Schwarzbrenner«, »Helden am Polarmeer«) erschienen und für dieses Buch aktualisiert worden.